Forschungsberichte
aus dem Institut für
Arbeitswissenschaft und
Betriebsorganisation der
Universität Karlsruhe

Herausgeber
Prof. Dr.-Ing. Dipl-Wirtsch.-Ing.
Gert Zülch

Band 29 - 2002

Klaus Jenewein,
Peter Knauth,
Gert Zülch (Hrsg.)

# Kompetenzentwicklung in Unternehmensprozessen

Beiträge zur Konferenz der Arbeitsgemeinschaft gewerblich-technische Wissenschaften und ihre Didaktiken in der Gesellschaft für Arbeitswissenschaft am 23./24. September 2002 in Karlsruhe

Shaker Verlag

Die Deutsche Bibliothek - CIP-Einheitsaufnahme

**Kompetenzentwicklung in Unternehmensprozessen**: Beiträge zur Konferenz der Arbeitsgemeinschaft gewerblich-technische Wissenschaften und ihre Didaktiken in der Gesellschaft für Arbeitswissenschaft am 23./24. September 2002 in Karlsruhe / Klaus Jenewein, Peter Knauth, Gert Zülch (Hrsg.).
Aachen: Shaker, 2002
(ifab-Forschungsberichte aus dem Institut für Arbeitswissenschaft und Betriebsorganisation der Universität Karlsruhe; Bd. 29)

ISBN 3-8322-0625-6

Redaktionelle Bearbeitung: Dipl.-Ing. Rainer Schwarz
Dipl.-Wirtsch.-Ing. Patricia Stock
Dipl.-Wirtsch.-Ing. Marcel Becker

Copyright Shaker Verlag 2002
Alle Rechte, auch das des auszugsweisen Nachdruckes, der auszugsweisen oder vollständigen Wiedergabe, der Speicherung in Datenverarbeitungsanlagen und der Übersetzung, vorbehalten.

Printed in Germany.

ISBN 3-8322-0625-6
ISSN 1436-3224

Shaker Verlag GmbH • Postfach 101818 • 52018 Aachen
Telefon: 02407 / 95 96 - 0 • Telefax: 02407 / 95 96 - 9
Internet: www.shaker.de • eMail: info@shaker.de

# Vorwort der Herausgeber

Kompetenzentwicklung wird in vielen Unternehmensbereichen als wesentlicher Wettbewerbsfaktor angesehen. Die Informatisierung der Arbeitswelt und neue Formen der Arbeitsorganisation führen dabei zu tiefgreifenden Veränderungen und zu neuen Anforderungen an die Mitarbeiterkompetenz. Die Dynamik dieses Wandels ist Gegenstand vielfältiger Kontroversen; seine Grundlagen und Implikationen sind jedoch für die Gestaltung von Lern- und Arbeitsprozessen bisher nur wenig erschlossen. Auf der Basis zentraler Forschungs- und Entwicklungsergebnisse wird Kompetenzentwicklung nach dem Selbstverständnis der Arbeitsgemeinschaft Gewerblich-Technische Wissenschaft und ihre Didaktiken (gtw) in der Gesellschaft für Arbeitswissenschaft aus unterschiedlichen Perspektiven betrachtet: Kompetenzentwicklung durch Arbeitsprozesswissen, in schulischen Lernfeldern, durch Organisationsentwicklung und die Relevanz von Kompetenzentwicklung für Unternehmen und deren Beschäftigte.

Die gtw veranstaltete am 23. und 24. September 2002 an der Universität Karlsruhe (TH) zu diesem Thema ihre erste Konferenz. Das Anliegen der Konferenz bestand darin, das Leitthema "Kompetenzentwicklung in Unternehmensprozessen" in seinen vielfältigen Bezügen zu Arbeit, Technik und Bildung zu präsentieren und zu diskutieren. Zielsetzung der gtw-Konferenz war in erster Linie die interdisziplinäre Diskussion neuer Forschungs- und Entwicklungsstrategien, -konzepte und -ergebnisse. Neben Wissenschaftlern aus der Berufsbildungsforschung und der Arbeitswissenschaft war die Konferenz von besonderem Interesse für Personen, die in den Bildungsinstitutionen der Wirtschaft, in berufsbildenden Schulen, in Bildungsverwaltung und in Curriculumentwicklung mit Fragen der Modernisierung des beruflichen Bildungswesens beschäftigt sind und sich für die aktuellen Forschungskonzepte und -ergebnisse interessieren.

In diese Konferenz war zudem die Abschlussveranstaltung zu dem von der Europäischen Union finanzierten Projekt "Organisational Learning and Competence Development in Europe" integriert. Die

Einbindung dieser internationalen Veranstaltung eröffnete so einen interessanten Einblick in die europäische Dimension der Thematik. Auf der Basis zentraler Forschungs- und Entwicklungsergebnisse wurden auf der gtw-Konferenz vier unterschiedliche Perspektiven behandelt: Aus einer berufs- und arbeitswissenschaftlichen Perspektive wurde bilanziert, welche Theorien, Ansätze, Konzepte und Forschungsergebnisse zum Themenfeld berufliche Kompetenz und Kompetenzentwicklung den aktuellen Erkenntnisstand markieren. Aus der Perspektive beruflicher Arbeitsprozesse wurde weiterhin untersucht, wie sich Lernen als berufliche Kompetenzentwicklung unter Einzubeziehung moderner Konzepte der Analyse, Gestaltung, Evaluation und Prognose vollzieht. Diskussionsschwerpunkt des Aspektes Kompetenzentwicklung durch Organisationsentwicklung war die Frage, welche Ansätze in den Unternehmen für organisationales Lernen verfolgt werden und wie sich aktuelle Innovationsprozesse auf die betriebliche Qualifizierung auswirken. Schließlich wurden aus der Perspektive intentionaler Lernprozesse in schulisch organisierten Bildungsgängen aktuelle Forschungs- und Entwicklungsergebnisse dargestellt, die sich einer an Arbeitsprozessen orientierten Kompetenzentwicklung verschrieben haben. Dabei wurde insbesondere das Spannungsverhältnis von Bildung und Qualifizierung problematisiert.

Die Veranstalter der gtw-Konferenz haben mit der Konferenz die Absicht verbunden, die Kooperation zwischen Forschergruppen, Bildungsinstitutionen und interessierten Unternehmen auf dem interdisziplinären Gebiet der Kompetenzentwicklung zu intensivieren. Gleichzeitig eröffnete die Konferenz eine Perspektive, diese Kooperation in einem gemeinsamen Forschungsprogramm zu institutionalisieren.

Prof. Dr. paed. Klaus Jenewein
Prof. Dr.-Ing. Peter Knauth
Prof. Dr.-Ing. Gert Zülch

# Inhaltsverzeichnis

Seite

**Plenum:**
**Einführung** 9

P1 Kompetenzentwicklung in Unternehmensprozessen 10
– Zur aktuellen Ausgangslage
*Klaus Jenewein*

P2 Organisational Development and Work Process Knowledge 17
in the European Context
*Nicholas Boreham*

**Sektion A:**
**Kompetenz und Kompetenzentwicklung** 21

A1.1 Zur Erforschung beruflichen Wissens und Könnens 22
– Was die Berufsbildungsforschung von anderen
Forschungstraditionen lernen kann
*Felix Rauner*

A1.2 Möglichkeiten und Grenzen objektiver und subjektiver 29
Kompetenzmessung am Beispiel der Störungsdiagnose
in der Technikbranche
*Ralf Muellerbuchhof*

A1.3 Kompetenzentwicklung in unterschiedlichen Ausbil- 36
dungsberufen
*Andreas Frey*

A2.1 Zur Konzeption von Untersuchungen beruflicher Identität und fachlicher Kompetenz – Ein methodologischer Beitrag zu einer berufspädagogischen Entwicklungstheorie  41
*Rainer Bremer*

A2.2 Berufliche Entwicklungsaufgaben als Instrument zur Messung beruflicher Kompetenzverläufe  46
*Olaf Herms*

A3.1 Leistungscontrolling im Kontext ganzheitlicher Kompetenzentwicklung  51
*Bernd Ott*

A3.2 Arbeitnehmerorientierte Konzepte zur Kompetenzentwicklung – Das Projekt KomNetz  57
*Julia Meyer-Menk*

A3.3 Akquise von Expertenwissen für ein Wissensmanagement-System  62
*Rolf Zöllner*

A3.4 Erweiterte real-virtuelle Welten in der beruflichen Bildung – Konzeptionelle Überlegungen  67
*Martin Frenz*
*Stefan Wiedenmaier*
*Kirstin Lenzen*

A4.1 Individuelle Kompetenz – Navigator in Veränderungsprozessen  72
*Wolfgang Wittwer*

A4.2 Soziale Kompetenz – eine Vertrauensdimension  78
*Olaf Geramanis*

A4.3 Entwicklung beruflicher Identität und beruflicher 83
Souveränität bei Auszubildenden in Großindustrie
und KMU – Ein Vergleich von Auswirkungen der Lernumgebungen und Ausbildungsmethoden auf gewerblich-
technische Berufsanfänger
*Bernd Haasler*
*Kerstin Meyer*

A5.1 Kompetenzentwicklung von Netzwerkakteuren 89
*Andrea Heide*
*Regina Oertel*

A5.2 Überfachliche Kompetenzen als Voraussetzung erfolg- 95
reicher und gesundheitsgerechter innovativer Berufsarbeit
*Wolfgang Quaas*
*Sonja Schmicker*

A5.3 Kompetenzentwicklung im Bereich des sicherheits- 103
gerechten Umganges mit Maschinen und Anlagen –
Vorgehensmodelle für Entwicklung und Einsatz von
Streaming Media Solutions im betriebseigenen Intranet
*André Bresges*
*Hans-Günter Burow*
*Wolfgang Wirtz*

# Sektion B:
# Arbeitsprozesswissen 109

B1.1 Prozesskompetenz: Trendqualifikation für die berufliche 110
Bildung?!
*Rita Meyer*

B1.2 Kollaborativer Erfahrungsaustausch als Instrument der 115
Kompetenzentwicklung bei verteilter Arbeit in industriellen Innovationsprozessen
*Hartmut Schulze*
*Siegmar Haasis*
*Helmuth Rose*

B2.1 Analyse und Validierung von Beruflichen Arbeitsaufgaben 120
*Michael Kleiner*

B2.2 Entwicklung von Handlungskompetenz durch situationsbezogene Lernaufgaben in der Meisterbildung – Die 126
Problematik induktiv gewonnener Handlungsschemata im Rahmen offener Lernprozesse – Ausgangsüberlegungen und ein erster Lösungsansatz
*Stefan Fletcher*

B2.3 Integrierter Ausbildungsansatz zur Qualifizierung von 131
Industriemechanikern mittels computerunterstützter Simulation
*Peter Steininger*
*Gert Zülch*

B3.1 Bedienen und Verstehen: Qualifikationspotenzial der 137
Operatoren hochkomplexer Hybridsysteme
*Gerhard Faber*

B3.2 Erfahrungsgeleitetes Lernen und Arbeiten in IT-Berufen 143
– Zur Konzeption eines Modellversuchs in der Berufsbildung
*Marc Schütte*
*Ursula Carus*
*Reiner Schlausch*

B3.3 Berufsorientierung: Wirksamkeit der Peergroup 148
*Lothar Beinke*

B4.1 Stärken- und Bedarfsanalysen: Identifizierung des 153
Ausbildungspotenzials von Ausbildungspartnerschaften
*Falk Howe*

B4.2 Kompetenzentwicklung und modellbasierte Diagnose 158
*Franz Stuber*

B4.3 Berufliche Handlungsfähigkeit in veränderlichen Hand- 163
lungsfeldern kleiner und mittlerer Unternehmen
*Sigrun Eichhorn*
*Peter Storz*

# Sektion C:
# Organisationsentwicklung 169

C1.1 Lernprozesse bei Veränderungen in Unternehmen 170
*Sibylle Olbert-Bock*
*Peter Knauth*

C1.2 Erfahrungsbasiertes Wissen und experimentelles Lernen 176
*Daniela Ahrens*

C1.3 Kompetenzentwicklung durch den Einsatz simulations- 182
unterstützter Planspiele
*Jörg Fischer*
*Thorsten Vollstedt*
*Gert Zülch*

C2.1 Arbeiten am Betrieb – Gestaltung von Organisation und 188
Technik im Kontext beteiligungsorientierter Reorgani-
sation
*Reiner Schlausch*

C2.2 Künstliche versus menschliche Intelligenz in der 192
computergestützten Diagnose – Untersucht am Beispiel
der Kfz-Diagnosesysteme
*Felix Rauner*

C3.1 Unterschiede zwischen Lernkulturen in Unternehmen 197
— Erste Ergebnisse einer empirischen Studie zu neuen
Lernkulturen in Unternehmen
*Erika Spieß*
*Brigitte Geldermann*
*Heidi Hofmann*
*Ralph-Michael Woschée*

C3.2 Partizipation und Empowerment als Beitrag zur praxis- 201
orientierten Organisationsentwicklung
*Eva Sanders*
*Verena Heukamp*

C3.3 Bildungsverbund Berufliche Qualifikation: pew@re 206
- Personalentwicklung als strategischer Wettbewerbs-
faktor für kleine und mittlere Unternehmen
*Petra Bonnet*
*Karin Eberle*
*Bernd Foltin*

C3.4 Kompetenzentwicklung beim Bildungsträger 210
*Barbara Mohr*

C4.1 Organisationsinterne Kommunikationsprozesse und ihre 215
Bedeutung für Partizipation und Empowerment
*Christiane Michulitz*
*Ingrid Isenhardt*

C4.2 Dauerhaft integrierte lernende Organisation als prozess- 220
orientiertes Qualifizierungsnetzwerk – Der Modellversuch
DILO
*Ingrid Isenhardt*
*Eva Preuschoff*
*Gero Bornefeld*

C4.3 Management von Innovationen in Zeiten von Dynamik 224
und Instabilität
*Franz Josef Heeg*
*Gabriele Schwarz*
*Marita Sperga*

## Sektion D:
## Kompetenzentwicklung in Lernfeldern 231

D1.1 Methoden der Qualifikationsforschung und Konstruk- 232
tionsprinzipien von Lernfeldern in der Modellversuchsforschung – Eine synoptische Darstellung der bisherigen
Erkenntnisse im Modellversuchsprogramm "Neue Lernkonzepte
in der dualen Berufsausbildung"
*Waldemar Bauer*
*Karin Przygodda*

D1.2 Zur Entwicklung eines Instrumentariums für die Über- 237
setzung von Arbeitsfeldern in Lernfelder und zur
Gestaltung von schulischen Lernprozessen
*Martin Hartmann*

D1.3 Welchen Beitrag kann berufsbildender Unterricht zur 246
Verbesserung der Sprachkompetenz jugendlicher Aus-
siedler leisten?
*Stefan Fletcher*
*Michael Richter*

D2.1 Über den Entwurf, die Implementation und die Evaluation 251
einer synchronen Groupware für die Software-Engineer-
ing-Ausbildung
*Stefan Werner*
*Axel Hunger*
*Frank Schwarz*

D2.2 Weiterbildung für moderne Gebäudetechnologien – Ein europäisches Projekt – ein europäisches Konzept  256
*Joachim Dittrich*
*Nikolaus Steffen*

D2.3 Typologie der Entwicklungsperspektiven beruflicher Schulen in den einzelnen Bundesländern und ihre Einordnung in den europäischen Kontext  260
*Sabine Kurz*

**Verzeichnis der Autoren**  265

Plenum

# Einführung

Beitrag P1

# Kompetenzentwicklung in Unternehmensprozessen – Zur aktuellen Ausgangslage

Klaus Jenewein

## 1. Kompetenzentwicklung im Kontext mit betrieblichen und pädagogischen Entwicklungsprozessen

Die aktuelle wissenschaftliche Diskussion begreift die betriebliche Kompetenzentwicklung in einem ganzheitlichen Kontext betrieblicher Entwicklungsprozesse. Mindestens auf folgenden Ebenen sind Rahmenbedingungen für die wissenschaftliche Kompetenzdiskussion bedeutsam:

- Ebene der technischen Innovationen,
- Ebene der informatisierten Arbeitsprozesse und
- Ebene der Lernprozesse, die sich auf diese Arbeitsprozesse beziehen.

### 1.1 Technische Innovation

Die Innovationsforschung kommt zunächst zu der Schlussfolgerung, dass sich moderne Gesellschaften in einem fünften Zyklus von Innovationen befinden, in dem Informations- und Kommunikationstechnologien für sämtliche Lebensbereiche verändernd wirken und technische Innovationen in größeren institutionellen (sozialen, wirtschaftlichen, kulturellen und organisatorischen) Kontexten thematisiert werden müssen (vgl. FREEMAN, PEREZ 1998).

## 1.2   Informatisierte Arbeitsprozesse

In Bezug auf betriebliche *Arbeitsprozesse* hat sich in den vergangenen Jahren eine arbeitsprozessbezogene Kognitionsforschung etabliert, deren Anliegen die Fragestellung ist, welche Arten von Wissen – aus berufspädagogischer Sicht müsste diese Fragestellung erweitert werden auf Kompetenz – auf Seiten der Beschäftigten erforderlich ist, um effektiv in betrieblicher Berufsarbeit mitwirken und hier Aufgaben und Verantwortung selbstständig übernehmen zu können. Einigkeit besteht weitgehend in der Sichtweise, dass durch die zunehmende Informatisierung der betrieblichen Facharbeit besonders die kognitive Kompetenzdimension erheblich an Bedeutung gewinnt. Ebenso besteht Einigkeit darin, dass sich eine auf komplexe informatisierte Arbeitsprozesse bezogene Kompetenz kaum noch aus der Ableitung wissenschaftlicher (akademischer) Erkenntnisse konstituieren kann, sondern dass vielmehr die betrieblichen Abläufe, die spezifischen Eigenheiten der im Betrieb verwendeten Materialien, Anlagen und Geräte, die Eigenschaften des jeweiligen Arbeitsprozesses und die erfahrenen Konsequenzen der ausgeführten Arbeitshandlungen Ausgangspunkt von Kompetenzentwicklung sind.

Die Kultusministerkonferenz mit ihrer 1995 verabschiedeten Handreichung für die Erarbeitung von Rahmenlehrplänen hat mit der hier vorgegebenen Orientierung an Lernfeldern und beruflichen Handlungsfeldern dokumentiert, dass sich selbst die Berufsschule – also der Lernort in der dualen Berufsausbildung, der aufgrund von Lernorganisation und Ausbildungsrahmenbedingungen am weitesten entfernt von der betrieblichen Praxis agiert – dieser Sichtweise in umfassendem Maß angenommen hat.

## 1.3 Lernen

In der berufspädagogischen Diskussion zeichnet sich in Bezug auf die Neugestaltung von Lernprozessen eine Renaissance des *Lernens in der Arbeit* ab. Dies zeigt sich auf ganz unterschiedlichen Ebenen:

- Versuche der Erfassung speziellen Arbeitsprozesswissens, das im konkreten Vollzug der Arbeit entstanden ist, können hier eingeordnet werden.

- Die Neuausrichtung des Berufsschulunterrichts an Lernfeldern (s.o.) gehört ebenso dazu wie beispielsweise die Neuorientierung der Industriemeisterausbildung an handlungsspezifischen Qualifikationen, die in der Bearbeitung von Situationsaufgaben erworben werden.

- In der für die Ausbilderausbildung vorgelegten neuen Rechtsverordnung und die in Folge der Verordnung entstandenen Rahmenstoffplanung wird das Handlungsfeld "Ausbilden am Arbeitsplatz" weit vor allen anderen Handlungsfeldern der betrieblichen Ausbildung quantifiziert (vgl. BIBB 1998, S. 15 ff.).

- Erste Untersuchungsergebnisse über das Lernen am Arbeitsplatz belegen u. a. den herausragenden Stellenwert der Unterweisung durch Kollegen.

Man kann diese Renaissance von Lernen in Arbeitsprozessen einordnen in einen "Paradigmen-" oder "Perspektivenwechsel" in der Berufspädagogik, bei dem von einer Fach- zu einer Handlungssystematik als strukturierendem Prinzip übergegangen wird. Aus einer konstruktivistischen Theorierichtung wurde dabei die Vorstellung einer stärkeren Handlungskompetenz oder -orientierung (als Zielgröße pädagogischer Interventionen) übernommen, die u.a. dadurch erreicht werden sollen, dass das Lernen eher situiert, auf konkrete (beispielsweise organisationale) Kontexte bezogen wird. Betont wird, dass die Nachbildung betrieblicher Realitäten in instruktiven Ausbildungssituationen angesichts des technischen Wandels heute schwer falle (RAUNER

2000, S. 338), sodass Alternativen zu arbeitsbezogenen Lernkonzepten fehlten.
Gemessen an den traditionellen Prinzipien der Curriculmskonstruktion (Wissenschafts-, Situations- und Persönlichkeitsprinzip) lassen sich Neugewichtungen in Bezug auf Arbeits- und Lernprozesse und damit in Richtung des Situationsprinzips beobachten. Im Kontext mit der Diskussion arbeitsbezogener Lernprozesse tauchen häufig Gegensatzpaare auf, mit denen eine neue Ausrichtung beruflicher Lernkonzepte skizziert wird: "instruktives"/"konstruktives", "intentionales"/"erfahrungsbasiertes", "formalisiertes"/"informelles", "nicht-institutionalisiertes"/"institutionalisiertes" Lernen. Angesprochen wird generell die Orientierung auf Subjektbezug, Selbstständigkeit und Eigenverantwortlichkeit bei der Entwicklung von Kompetenzen, die Gestaltung entsprechender (und häufig komplexer) Lehr-/Lernarrangements sowie generell eine veränderte Rolle des Lehrenden, dessen in der Vergangenheit häufig instruktionsbezogene Tätigkeit sich gravierend in Richtung einer umfassenden Lernbegleitung entwickelt.

## 2. Kompetenzentwicklung – aktuelle Forschungsfragen

Im Zusammenhang mit den aufgezeichneten Entwicklungslinien sind Veränderungsprozesse zu konstatieren, die zu einem weit greifenden Perspektivenwechsel in gewerblich-technischen Berufsbildungsprozessen geführt haben und aktuell führen. Demgegenüber bestehen jedoch Forschungsdefizite: Bereits Anfang der 90er-Jahre artikulierte die DFG in einer Denkschrift, sie vertrete "mit Nachdruck die Auffassung, dass die Berufsbildung angesichts tiefgreifender ökonomisch-technischer und sozialer Veränderungsprozesse vor Herausforderungen steht, denen gegenüber sie der Unterstützung durch die Berufsbildungsforschung dringend bedarf" (DFG 1990, S. 17).

Die Forschungsgruppe "Technische Innovationen und Lernen in informatisierten Arbeitsprozessen in gewerblich-technischen Berufsfeldern" (TILAB) an der Universität Karlsruhe hat sich der Aufgabe gestellt, den Forschungs- und Erkenntnisbedarf aus der Perspektive von Arbeitswissenschaft, Betriebsorganisation und Technikdidaktik zu dokumentieren und den inhaltlichen Rahmen für ein Forschungsprogramm unter dem Schwerpunkt "Kompetenzentwicklung in Unternehmensprozessen" auszuarbeiten. Leitfragestellungen über Zusammenhänge und Wechselwirkungen zwischen beruflichem Handeln und Lernen bzw. zwischen beruflichen Handlungs- und Lernfeldern sollen am Gegenstand von informatisierten Arbeitsprozessen und möglichen Konsequenzen für die Ausgestaltung von instruktions- und konstruktionsbezogenen Lernprozessen bearbeitet werden. Gesicherte Forschungsergebnisse könnten dabei Möglichkeiten bieten, fundierte instruktionsbezogene Lehr-/Lernsituationen mit Bezug auf konkrete Arbeitsprozesse zu begründen und zu gestalten.

Schwerpunkt der Konferenz "Kompetenzentwicklung in Unternehmensprozessen" ist zunächst die Diskussion von Forschungsstrategien und -ergebnissen aus interdisziplinärer Perspektive. Diese Diskussion soll die Grundlage bieten für die Ausgestaltung eines Forschungsprogramms und für die Entwicklung von Forschungskooperationen. Ein möglicher Ausgangspunkt für Überlegungen zu einem Forschungsprogramm sind Leitfragestellungen aus der Perspektive von Arbeitswissenschaft, Betriebsorganisation und Technikdidaktik; diese im Rahmen der Forschungsgruppe TILAB erarbeiteten Fragestellungen sind in Tabelle 1 dargestellt.

Die Karlsruher Veranstalter erhoffen sich von den Ergebnissen der Konferenz, die zugleich unter der Bezeichnung "gtw-Konferenz" als erste Veranstaltung der neu gegründeten Arbeitsgemeinschaft "Gewerblich-technische Wissenschaften und ihre Didaktiken" (gtw) in der Gesellschaft für Arbeitswissenschaft (GfA) durchgeführt wird, eine Initiative für nationale und internationale Forschungskooperationen. Dies gilt insbesondere auch deshalb, weil hier ein Themenkomplex bearbeitet wird, in dem die berufliche Bildungspraxis in Unternehmen, die Aus- und Weiterbildungseinrichtungen und die beruflichen Schulen entscheidend auf die Unterstützung der Wissenschaft angewiesen sind, um auf aktuelle und zukünftige Herausforderungen angemessen reagieren zu können.

| Technikdidaktik | Arbeitswissenschaft | Betriebsorganisation |
|---|---|---|
| • Lernhaltigkeit betrieblicher Arbeitsprozesse<br>• Bedeutung arbeitsbezogener Handlungserfahrungen für Fachkompetenz und fachübergreifende Kompetenzentwicklung<br>• Vergleich formeller und informeller Lernprozesse | • Welche Arbeitsbedingungen sind lernförderlich?<br>• Wie können lebenslanges Lernen und "employability" gefördert werden?<br>• Lernen in Veränderungsprozessen | • Lernen des Rechnereinsatzes zur Prozessbeherrschung<br>• Lernen der Organisationsgestaltung im Produktionsprozess<br>• Erwerb von Prozesswissen |
| *Gemeinsam:*<br>Interdisziplinäre Entwicklung und Evaluierung neuer Methoden zur Lernanforderungsanalyse und zur lernförderlichen Gestaltung von Arbeitsprozessen ||| 

Tab. 1: Forschungsinteressen und Forschungsfragen aus disziplinärer und interdisziplinärer Perspektive

## 3. Literatur

BIBB – Bundesinstitut für Berufsbildung (Hrsg.):
Handlungsorientierte Ausbildung der Ausbilder. Neue Empfehlungen und Rechtsgrundlagen.
Bielefeld: W. Bertelsmann Verlag, 1998.

DFG – Deutsche Forschungsgemeinschaft:
Berufsbildungsforschung an den Hochschulen der Bundesrepublik Deutschland, Denkschrift.
Weinheim: VCH Acta Humaniora, 1990.

FREEMAN, C.; PEREZ, C.:
Structural crises of adjustment, business cycles and invest behaviour.
In: Technical Change and Economic Theory.
Hrsg.: DOSI, G. u.a.
London: Pinter Publishers, 1988, S. 38-66.

RAUNER, F.:
Der berufswissenschaftliche Beitrag zur Qualifikationsforschung und zur Curriculumentwicklung.
In: Berufliches Arbeitsprozesswissen.
Hrsg.: PAHL, J.-P.; RAUNER, F.; SPÖTTL, G.
Baden-Baden: Nomos Verlagsgesellschaft, 2000, S. 329-352.

Beitrag P2

# Organisational Development and Work Process Knowledge in the European Context

Nicholas Boreham

It was clearly the expectation of policy makers in the European Commission that the Framework IV and V socio-economic research programmes would provide guidelines for creating the knowledge based economy which they saw – and still see - as the future of the European Union. In a well-publicised event that is now becoming something of a historic landmark, in March 2000 the European Council in Lisbon set itself "a new strategic goal for the next decade: to become the most competitive and dynamic knowledge based economy in the world ..." (EC 2000, p. 2). In support of this policy, economists such as ARCHI-BUGI and LUNDVALL (2001) have argued that in today's global economy, the competitive advantage of the firm depends on possessing more knowledge than its competitors, and on its capacity to acquire new knowledge at a faster rate. They also argue that there is a strong synergy between the innovative capacity of the firm and the introduction of new forms of organisation. This policy reflects the growing agreement that knowledge is the core of economic development.

Against this background, the concept of *work process knowledge* is a powerful tool which enables vocational educators to explore the complex interrelationships between work, learning on-the-job, formal training, organisational development, individual and collective knowledge, competence and vocational qualifications. The concept stands for more than practical know-how or "procedural knowledge", for as demonstrated by several of the WHOLE studies (BOREHAM, SAMURCAY, FISCHER 2002) it is constructed by employees as they solve problems at work, and draws on theoretical knowledge acquired through formal instruction as well as on direct experience of the work in hand. The concept is a generative one, providing a framework for understanding how contradictions between theory and practice, and the uncertainties of practice themselves, are resolved by workers in the context of work. This is the core task of most employees in flexible, competitive and knowledge-creating organisations.

But VET science (Vocational Education and Training) must always be renewing itself, and perhaps the time has come to consider whether it is necessary to take a step beyond work process knowledge and consider adding new concepts to this field of research. Perhaps the most important question we ought to ask is where the European Union should be heading, especially as the Union is soon to be enlarged in a truly momentous way. The way in which European society increasingly characterises itself, in terms of risk and uncertainty, focuses on the insecurity in contemporary conditions, and points to the fact that we cannot make sense of all the information now available to us. This suggests that learning to engage with this risk and insecurity may need to be integral to policy, especially as European expansion will bring even greater uncertainty. Universal policy goals will impact differentially and unequally across the new European Union, with potential consequences for political and social unrest.

In suggesting that vocational curriculum development should engage with the larger and ultimately more important question of inclusion I am not wishing to deny the importance of work process knowledge as a way of dealing with certain technical problems in the design of vocational courses, to which it will continue to make its contribution. But that should not blind us to the fact that the effectiveness of vocational education and training depends on the health of the society in which it is operating, and that the two issues are in the final analysis inseparable.

# References

ARCHIBUGI, D.; LUNDVALL, B.-A.:
 The Globalising Learning Economy.
 Oxford: Oxford University Press, 2001.

BOREHAM, N.; SAMURCAY; FISCHER, M. (edts.):
 Work Process Knowledge.
 London: Routledge, 2002.

EC – European Council:
 Presidency Conclusions, Lisbon European Council, 23 and 24 March 2000.
 Internet: http://europe.eu.int/comm/off/index_en.htm.
 Stand: 17.07.2002.

Sektion A

# Kompetenz und Kompetenzentwicklung

Beitrag A1.1

# Zur Erforschung beruflichen Wissens und Könnens

## – Was die Berufsbildungsforschung von anderen Forschungstraditionen lernen kann

Felix Rauner

## 1. Fragestellung

Die Berufsbildungsforschung ist durch die Vereinbarung der Kultusministerkonferenz (KMK 1996), berufliche Curricula nach Lernfeldern zu strukturieren, nun auch von Seiten des Lernortes Schule herausgefordert, das in beruflichen Arbeitsprozessen inkorporierte Wissen und Können zu entschlüsseln, um es für die Curriculumentwicklung fruchtbar zu machen. Seit die Expertiseforschung, wie sie von der Arbeits- und Wissenspsychologie vorangetrieben wird, mit immer neuen Befunden die Erkenntnis stützt, dass berufliche Kompetenz in ihrem Kern domänenspezifisches Wissen und Können ist, wächst das Interesse der Berufsbildungsforschung an den Fragestellungen, Methoden und Ergebnissen der Expertiseforschung. Eine Sichtung dieser und anderer Forschungstraditionen, von denen man vermuten könnte, dass sie einen Beitrag zur Qualifikations- und Curriculumforschung leisten, führte bereits anlässlich der HGTB-Konferenz in Flensburg 1998 zu überraschenden Einsichten (Arbeitsgemeinschaft der Hochschulinstitute für Gewerblich-Technische Berufsbildung, HGTB). Nicht im

Bereich der Berufsbildungsforschung, sondern in der von GARFINKEL (1986) entwickelten Ethnomethodologie ("Studies of Work") wurden Forschungsfragen ganz im Sinne des berufswissenschaftlichen Erkenntnisinteresses gestellt.

Gibt es neben dem Forschungsansatz "Studies of Work" andere Forschungsbereiche, denen für die Erforschung beruflichen Wissens und Könnens eine Bedeutung für die Begründung von Fragestellungen und Methoden zukommt und die über einschlägige Forschungsergebnisse verfügen? Die Beantwortung dieser Frage ist deshalb von einiger Wichtigkeit, da die berufspädagogische und berufswissenschaftliche Entwicklung von Forschungsmethoden im Bereich der Aufgaben- und Tätigkeitsanalysen sowie der Qualifikationsforschung noch in den Anfängen steckt. In diesem Beitrag wird daher untersucht, wo die Berührungspunkte, Überschneidungen und Differenzen in den Forschungstraditionen liegen, die sich mit der Erforschung des beruflichen Wissens und Könnens befassen.

## 2. Methodisches Vorgehen

Als Ausgangsmaterial für die Analyse dienen einerseits die vielfältigen Veröffentlichungen der Expertise- und Wissensforschung sowie andererseits die im Rahmen der HGTB-Konferenzen präsentierten Forschungsvorhaben aus den Bereichen

- Berufsforschung sowie
- Arbeits- und Tätigkeitsanalysen.

Einbezogen wird dabei die begonnene methodologische Diskussion in den gewerblich-technischen Wissenschaften und in der Expertiseforschung.

# 3. Forschungsergebnisse: Zur Begründung einer domänenspezifischen Qualifikationsforschung

Erst der Niedergang der industriesoziologischen Qualifikationsforschung hat endgültig die Einsicht verstärkt, dass komplementär zur Aufklärung von Strukturentwicklungen im Beschäftigungssystem und ihren Branchen und Sektoren in Bezug auf den Aufgabenwandel und die Veränderung in den Qualifikationsanforderungen nur eine domänenspezifische Qualifikationsforschung in der Lage ist, Grundlagen für die Berufs- und Curriculumentwicklung zu erschließen. Daneben lassen sich eine Reihe von Erkenntnissen aus der in den Nachbarwissenschaften zur Berufsbildungsforschung angesiedelten Forschungstraditionen für die Begründung und Ausgestaltung einer domänenspezifischen Qualifikationsforschung angeben.

## 3.1 Ethnomethodologie

Zur Begründung der "Studies of Work" (Ethnomethodologie) hat GARFINKEL bereits in den 1970er und 1980er Jahren Fragestellungen zur Entschlüsselung des in der praktischen Berufsarbeit inkorporierten Wissens und Könnens formuliert, mit denen ein zentrales Anliegen berufswissenschaftlicher Qualifikationsforschung genau benannt wurde:

> "Gegenstand der 'Studies of Work' ist das verkörperte Wissen, das sich in der selbstverständlichen Beherrschung kunstfertiger Praktiken materialisiert und das für die erfolgreiche Ausübung einer bestimmten Arbeit konstitutiv ist. Sie zielen damit auf die empirische Analyse von Kompetenzsystemen ab, die für einen bestimmten Typus von Arbeit charakteristisch sind und ihm seine Identität verleihen"
> (BERGMANN 1995, S. 270).

Der mit dieser Fragestellung verbundene Anspruch für die Bildungsforschung ist groß: Die Forschungserkenntnisse könnten, so BERGMANN, zu einer Revolution in der Curriculumentwicklung führen. Er befürchtet jedoch – zu Recht, wie sich mittlerweile herausstellt –, dass die Methode der "dichten Beschreibung", wie sie für die Ethnomethodologie charakteristisch ist, "lediglich zu einer deskritiven Verdoppelung praktischer Arbeitstätigkeiten führen könne". Die berufswissenschaftliche Relevanz der Ethnomethodologie ist daher auf die Entfaltung relevanter Fragestellungen und Hypothesen für die Qualifikationsforschung begrenzt.

## 3.2 Expertiseforschung

Die Expertiseforschung bestätigt die berufspädagogische These von der grundlegenden Bedeutung, die der domänenspezifischen reflektierten Arbeitserfahrung für die berufliche Kompetenzentwicklung zukommt sowie die Einsicht, dass dem domänenspezifischen Wissen und Können für die berufliche Kompetenz und Kompetenzentwicklung eine Schlüsselfunktion zukommt. Die Expertiseforschung stützt mit ihren Befunden und Theorien den in der Curriculumentwicklung vollzogenen Paradigmenwechsel von einer fachsystematischen zu einer subjektbezogenen, auf bedeutsamen Arbeitssituationen basierenden beruflichen Bildung. Sie hebt den Zusammenhang zwischen reflektierter Arbeitserfahrung, dem Erwerb beruflicher Kompetenz und dem Aufbau beruflicher Identifikationen hervor. Kompetenzentwicklung, so der weitgehend übereinstimmende Befund, vollzieht sich als ein in vier bis fünf Stufen verlaufender Prozess der Kompetenzentwicklung. Damit erfährt die berufliche Didaktik zur entwicklungslogischen Strukturierung beruflicher Bildungsprozesse eine weitere Begründung.

## 3.3 Arbeitspsychologie

Den Arbeiten von HACKER (1998 u.a.) kommt in diesem Zusammenhang eine besondere Bedeutung für die Methodenentwicklung in der Berufsbildungsforschung zu. Seine Hervorhebung intervenierender Methoden in der Arbeitsanalyse wie das *Beobachtungsinterview*, der

*Lehrer-Lerner-Dialog* und die *experimentelle Intervention* korrespondieren mit Forschungsmethoden, wie sie in zahlreichen berufswissenschaftlichen Forschungsprojekten angewendet wurden.

## 4. Fazit

Mit ihren Erkenntnissen steht die Expertiseforschung vor einem gewissen Dilemma. Sie begründet eindrucksvoll die Notwendigkeit einer domänenspezifischen Qualifikationsforschung. Diese aber kann sie selbst nur sehr begrenzt durchführen, da ihr der inhaltliche Zugang zu den Domänen weitgehend verschlossen bleibt. Positiv gewendet bedeutet dies, die domänenspezifische Qualifikationsforschung als eine interdisziplinäre zu entwickeln. Die nähere Bestimmung von Interdisziplinarität zwischen Expertise- und Berufsbildungsforschung ist bereits über die Anfänge hinaus gelangt.

Die Entwicklung allgemeiner Erkenntnisse und Theorien zur Wissens- und Kompetenzentwicklung ist auf domänenspezifische Forschungsvorhaben angewiesen. Umgekehrt erfordert die domänenspezifische Qualifikationsforschung eine Grundlegung auf der Basis allgemeiner Theorien und Erkenntnisse, wie sie von der Expertiseforschung hervorgebracht werden. Am Beispiel zahlreicher Untersuchungen zum Wandel der Facharbeit in den gewerblich-technischen Berufsfeldern (siehe dazu zahlreiche Beiträge in diesem Band) lässt sich diese These bestätigen.

# 5. Literatur

BERGMANN, J.-R.:
"Studies of Work" – Etnomethologie.
In: Handbuch Qualitative Sozialforschung.
Hrsg.: FLICK, Uwe; KARDORFF, Ernst von; KEUPP, Heinrich u.a.
Weinheim: Beltz, 2. Auflage, 1995, S. 269-272.

FLICK, Uwe; KARDORFF, Ernst von; KEUPP, Heinrich u.a. (Hrsg.):
Handbuch Qualitative Sozialforschung.
Weinheim: Beltz, 2. Auflage, 1995.

GARFINKEL, H.:
Ethnomethological Studies of Work.
London: Taylor & Francis, 1986.

HACKER, Winfried:
Allgemeine Arbeitspsychologie. Psychische Regulation von Arbeitstätigkeiten.
Göttingen: Huber, 1998.

KMK – Sekretariat der Ständigen Konferenz der Kultusminister der Länder der Bundesrepublik (Hrsg.):
Rahmenvereinbarung über die Ausbildung und Prüfung für ein Lehramt der Sekundarstufe II (berufliche Fächer) oder für die beruflichen Schulen.
Beschluss der Kultusministerkonferenz vom 12.05.1995.

KMK – Sekretariat der Ständigen Konferenz der Kultusminister der Länder der Bundesrepublik (Hrsg.):
Handreichung für die Erarbeitung von Rahmenlehrplänen der Kultusministerkonferenz für den berufsbezogenen Unterricht in der Berufsschule und ihre Abstimmung mit Ausbildungsordnungen des Bundes für anerkannte Ausbildungsberufe.
Bonn, 1996.

PAHL, Jörg-Peter; RAUNER, Felix; SPÖTTL, Georg (Hrsg.):
HGTB '98 – Berufliches Prozesswissen.
Dresden u.a.: wbv-Verlag, 1998.
(10. HGTB-Fachtagung vom 04. bis 06. Juni 1998 in Flensburg)

Beitrag A1.2

# Möglichkeiten und Grenzen objektiver und subjektiver Kompetenzmessung am Beispiel der Störungsdiagnose in der Technikbranche

Ralf Muellerbuchhof

## 1. Einleitung

Durch den beschleunigten wissenschaftlich-technischen Fortschritt wird lebenslanges, selbst organisiertes Lernen am Arbeitsplatz zunehmend notwendig, um die entstandenen Lücken zwischen Ausbildung und Praxis zu schließen. Spezifisches Fach- und Methodenwissen kann als Voraussetzung für berufliche Handlungskompetenz häufig erst im Prozess der Arbeit erworben werden.

Bisherige Konzepte zur Ausbildung technischen Fachpersonals im Instandhaltungsbereich werden den Anforderungen am späteren Arbeitsplatz, die neben Fachwissen in hohem Maße Transferfähigkeiten und –fertigkeiten erfordern, nur z.T. gerecht. Die quantifizierende Messung von Kompetenzbestandteilen soll helfen, personale und situationale Prädiktoren für Lernen im Arbeitsprozess zu finden, Schwachstellen aufzudecken und Möglichkeiten ausbildungsbezogener oder arbeitsprozessimmanenter Unterstützung aufzuzeigen.

## 2. Theoretische Einordnung

### 2.1 Kompetenzkonstrukt

Die Unterteilung beruflicher Handlungskompetenz in die Facetten Fach-, Methoden-, Sozial- und personale Kompetenz wird von vielen Autoren präferiert (BERGMANN 1999; BERNIEN 1997; ERPENBECK 1997; WEISS 1999 u.a.); sie entspricht der Perspektive der Personalentwicklung. Dies bringt den Vorteil einer differenzierteren Sicht und der Klassifikationsmöglichkeit von Kompetenz-Indikatoren. Damit wird dem Problem begegnet, dass es für Kompetenz als latentes Merkmal einer Person keinen direkten Messzugang gibt, sondern diese nur über indirekte mehrdimensionale Messung erschlossen werden kann.

Es gibt zwischen den Teilfacetten Wechselwirkungen und Überschneidungsbereiche. Abbildung 1 verdeutlicht die Modellvorstellung.

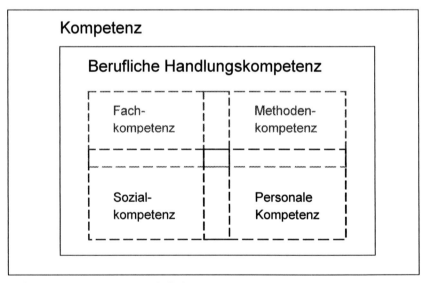

Abb. 1: Facettenmodell der Kompetenz

## 2.2 Kompetenzmessung

Die Erfassung von Kompetenzmerkmalen ist aufgrund deren latenter Eigenschaften schwierig. Operationalisierungen des Konstruktes liefert z.b. DÖRNER (1988). Im Rahmen seiner Ausführungen über das Absichtsgedächtnis bezeichnet er als eine von neun zugehörigen Komponenten Kompetenz "als Abschätzung des Ausmaßes, in welchem ich Erfolg durch mein Verhalten erwarten kann".

Messzugänge lassen sich subjektiv über das Selbstkonzept der Kompetenz realisieren. Kritische Befunde zeigt dazu MOSER (1999), welcher in Metaanalysen eine Validität von Selbstbeurteilungen beruflicher Leistungen zwischen $r = .22$ und $r = .30$ fand. Er macht an gleicher Stelle Vorschläge zur Validitätsverbesserung. Objektive Methoden zur Kompetenzmessung werden z.B. von KAUFELD und GROTE (2000; Kasseler Kompetenz-Raster KKR) vorgestellt. Hoher Aufwand und Probleme der Konstruktvalidierung kennzeichnen diese Verfahren, hier besteht weiterer Forschungsbedarf.

## 2.3 Kompetenz zur Störungsdiagnose

Die Sicherung und Steigerung der Verfügbarkeit komplexer technischer Fertigungsanlagen ist im technischen Bereich von zentraler Bedeutung. Dies setzt voraus, dass Störungen und Ausfälle v.a. aus Kostengründen rasch beseitigt werden (KONRADT 1992). Maschinen können hier die Kompetenz von Mitarbeitern kaum ersetzen.

Kompetenter Umgang mit Störungen benötigt Kenntnisse über Anlagenstruktur, Funktionsweise der Bauelemente, verfügbare Arbeitsmittel oder auftretende Störungen (deklaratives Wissen), diese bilden die Grundlage für eine erfolgreiche Störungsdiagnose bekannter Störungsbilder. Prozedurales Wissen wird hingegen auf die Verknüpfung und Verarbeitung entsprechender Daten und auf Schlussprozesse bezogen, was besonders wichtig bei der Diagnose neuartiger Störungen ist (ZEHRT 1998).

# 3. Vergleichsstudie

## 3.1 Messmethoden

Die genannten Schwierigkeiten bei der validen Erfassung von Kompetenz waren Anlass, neue Verfahren der objektiven Kompetenzmessung zu entwickeln und zu erproben. Es wurden ein Wissenstest zum Basiswissen und Methodenaufgaben nach rationalen Prinzipien konstruiert, welche Punktmessungen in den Facetten Fach- und Methodenkompetenz ermöglichen sollten. Des Weiteren wurde das Selbstkonzept Methodischer Kompetenz mittels eines am Institut für Methoden der Psychologie der TU Dresden entwickelten und erprobten subjektiven Verfahrens erfasst.

## 3.2 Stichproben

Stichproben bildeten aus den unter Kapitel 2.3 genannten Gründen Facharbeiter mit Instandhaltungsaufgaben (Instandhaltung IH) aus der High-Tech-Branche, IH-Auszubildende im 3. Lehrjahr und Umschüler (IH), deren Vergleich hinsichtlich der Unterscheidung zwischen objektiven und subjektiven Verfahren Ziel der Auswertungsstrategie bildeten. Ferner sollte eine Validierung der objektiven Verfahren nach dem Experten-Novizen-Paradigma erfolgen.

## 3.3 Ergebnisse

Im Ergebnis ist zuerst eine deutliche Höherausprägung des Basiswissens der Auszubildenden (Lehrlinge und Umschüler) gegenüber den Facharbeitern festzustellen (p = .001). Die objektiv gemessene Methodenkompetenz weist hingegen signifikant höhere Werte bei den Facharbeitern gegenüber den Auszubildenden auf (p = .008; s. Abb. 2). Die Selbstkonzept-Vergleichswerte sind nicht signifikant verschieden zwischen den drei Stichproben. Daraus kann ein Vorzug objektiver Verfahren in branchenvergleichenden Untersuchungen abgeleitet werden, da unternehmensspezifische subjektive Urteilsverankerungen ausgeblendet werden.

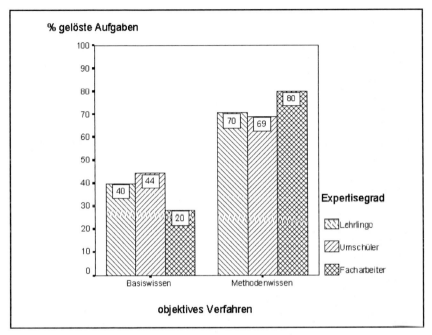

Abb. 2: Testergebnisse der objektiven Verfahren

# 4. Literatur

BERGMANN, Bärbel:
Training für den Arbeitsprozess.
Entwicklung und Evaluation aufgaben- und zielgruppenspezifischer Trainingsprogramme.
Zürich: vdf, Hochschulverlag an der ETH Zürich, 1999.

BERNIEN, Maritta:
Anforderungen an eine qualitative und quantitative Darstellung der beruflichen Kompetenzentwicklung.
In: Kompetenzentwicklung '97.
Hrsg.: Arbeitsgemeinschaft Qualifikations-Entwicklungs-Management.
Berlin: Waxmann, 1997.

DÖRNER, Dietrich:
Wissen und Verhaltensregulation.
In: Wissenspsychologie.
Hrsg.: H. Mandl & H. Spada.
München u.a.: PVU, 1988.

ERPENBECK, John:
Selbstgesteuertes, selbstorganisiertes Lernen.
In: Kompetenzentwicklung '96.
Hrsg.: Arbeitsgemeinschaft Qualifikations-Entwicklungs-Management.
Berlin: Waxmann, 1996.

ERPENBECK, John:
Berufliche Weiterbildung und berufliche Kompetenzentwicklung.
In: Kompetenzentwicklung '96.
Hrsg.: Arbeitsgemeinschaft Qualifikations-Entwicklungs-Management.
Berlin: Waxmann, 1996.

KAUFFELD, Simone; GROTE, Sven:
Kompetenzdiagnose mit dem Kasseler Kompetenz-Raster.
In: Personalführung,
Düsseldorf 33(2000)1, S. 30-37.

KONRADT, Udo:
Analyse von Strategien bei der Störungsdiagnose in der flexibel automatisierten Fertigung.
Bochum: Brockmeyer, 1992.

MOSER, Klaus:
Selbstbeurteilung beruflicher Leistung: Überblick und offene Fragen.
In: Psychologische Rundschau,
Göttingen u.a., 50(1999)1, S. 14-25.

WEISS, Reinhold:
Erfassung und Bewertung von Kompetenzen - empirische und konzeptionelle Probleme.
In: Kompetenzentwicklung '99.
Hrsg.: Arbeitsgemeinschaft Qualifikations-Entwicklungs-Management.
Berlin: Waxmann, 1999.

ZEHRT, Peter:
Training komplexer Diagnoseaufgaben - am Beispiel der Störungsdiagnose in technischen Systemen.
Unveröffentlichte Dissertation.
Dresden, TU Diss. 1998.

Beitrag A1.3

# Kompetenzentwicklung in unterschiedlichen Ausbildungsberufen

Andreas Frey

## 1. Einleitung

Die Tätigkeitsbilder und Arbeitsabläufe der unterschiedlichsten Berufe haben sich in den letzten Jahren zum Teil stark verändert: Z.B. berät der Polizist Hausbauer zum Thema Sicherheit und der Banklehrling informiert Kunden im Front-Office-Bereich zu Krankenversicherungen. Was vor 20 Jahren für viele Berufe noch undenkbar war, ist heute Realität und kann übermorgen veraltet sein, d.h. Wissen über ein Produkt oder PC-Programm veraltet schnell. Aus diesem Grund müssen Personen neben Fachkompetenzen vermehrt soziale und methodische Fähigkeiten entwickeln, damit sie im gegenwärtigen und zukünftigen Tätigkeitsfeld Strategien und Methoden einsetzen, mit deren Hilfe sie ihr persönliches Wissen ständig überprüfen, modifizieren und erweitern können. Für die Betriebe ist deshalb von zentraler Bedeutung, dass u.a. Lehrlinge selbstständig arbeiten, team- und konfliktfähig sind sowie Aufträge erfolgreich bewältigen können.

Aus diesem Grund ist es nachvollziehbar, dass das Thema "Kompetenzen" mittlerweile in aller Munde ist: Über 144.653 Zeitschriftenartikel, Buchbeiträge und Monographien seit 1996 finden sich beispielsweise in der Literaturdatenbank "FIS Bildung" (DIPF 2002) und weisen auf ein besonders großes Fachinteresse hin. Allerdings beschäftigt sich eine kaum wahrnehmbare Anzahl an Texten mit der

Berufsausbildung in Verbindung mit sozialer oder methodischer Kompetenzen bzw. mit deren Entwicklung an Berufsschulen, in Betrieben oder an der Universität. Das heißt, dass sich das Thema "Kompetenzentwicklung" derzeit auf wenig abgesicherte und empirisch fundierte Ergebnisse bezüglich der Förderung von sozialer und methodischer Kompetenz stützen kann.

## 2. Was sind berufliche Kompetenzen?

In der Literatur gibt es viele verschiedene Definitionen zum Begriff Kompetenzen (z.B. ERPENBECK, HEYSE 1999) und viele unterschiedliche Modelle, wie sich Kompetenzen entwickeln können (im Überblick WEINERT 1999). Allgemein versteht man unter beruflicher Kompetenz körperliche und geistige Dispositionen, die eine Person benötigt, um anstehende Aufgaben oder Probleme zielorientiert zu lösen, die Lösungen zu bewerten und das eigene Repertoire an Handlungsmustern weiterzuentwickeln. Hierzu werden von einer Person fachliche, methodische und insbesondere soziale Kompetenzen benötigt (vgl. Abb. 1).

## 3. Wie kann man soziale und methodische Kompetenzen diagnostizieren und abbilden?

Für diese Fragestellung bietet sich ein Ansatz an, indem soziale und methodische Kompetenzen über Selbstbeurteilungen, d.h. mit einem validierten Fragebogen (FREY, BALZER 2002) bei der Person selbst erhoben, daraus Ist-Profile erstellt und daraufhin mit einem Gruppen- sowie Soll-Profil kontrastiert werden. Selbstbeurteilungen mittels Fragebögen beinhalten aus methodischer Perspektive den Vorteil, dass sie binnen kürzester Zeit von vielen Personen ausgefüllt werden können. Des Weiteren wird bei quantitativen Selbstbeurteilungsverfahren die Ansicht vertreten, dass bezüglich einzuschätzender beruflicher

Kompetenzen oder beruflicher Verhaltensdispositionen die betreffende Person selbst am besten Auskunft über sich geben kann. Da eine Person hinsichtlich ihrer Kompetenzen oder Verhaltensweisen selbst befragt wird, kann diese methodische Vorgehensweise der Subjektivität von komplexem Handeln am ehesten gerecht werden. Das Bewerten von weichen Kompetenzen (Softskills) setzt allerdings voraus, dass die jeweilige Person sich selbst gut kennt, sich retrospektiv realistisch beobachten kann, sich nicht bewusst besser oder schlechter beurteilen möchte als sie ist und sie auch nicht unbewusst im Sinne von sozialer Erwünschtheit oder Akquieszenz urteilt. Zudem muss durch Lehrkräfte, Ausbilder, Dozenten, Führungskräfte, Personalentwickler oder andere Personal- und Bildungsverantwortliche, die sich Erkenntnisse über die Kompetenzlage von Individuen und Gruppen wünschen, gewährleistet werden, dass die Auswertungen solcher Selbstbeurteilungen keine negativen Konsequenzen auf der Individual- oder Gruppenebene nach sich ziehen, sondern vielmehr im Sinne einer pädagogischen Diagnostik (JÄGER, FREY, WOSNITZA, FLOR 2001) helfen, Kompetenzdefizite zu lokalisieren und Fördermaßnahmen zu initiieren.

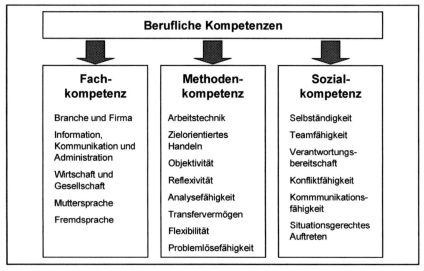

Abb. 1: Dimensionen beruflicher Kompetenz

## 4. Die Studien

Von 1995 bis 2002 wurden über 5.000 Personen aus unterschiedlichen Ausbildungsberufen mittels Fremd- und Selbstbeurteilungsbögen zu deren Kompetenzen befragt. Eingesetzt wurden Internet- und Paper-Pencil-Fragebögen. Insgesamt liegen Daten von sieben Untersuchungszeitpunkten vor. Die Daten wurden querschnittlich und längsschnittlich analysiert.

In diesem Vortrag wird das Beurteilungsinstrument mit seinen Kennwerten vorgestellt und Kompetenzergebnisse aus unterschiedlichen Ausbildungsberufen präsentiert. Die Ergebnisse zeigen, dass die eingesetzten Analyseinstrumente geeignet sind, um einerseits Kompetenzen von unterschiedlichen Berufsgruppen zu bestimmen und andererseits die Entwicklung von Kompetenzen aufzuzeigen.

## 5. Literatur

DIPF - Deutsches Institut für Internationale Pädagogische Forschung (Hrsg.):
   FIS Bildung Literaturdatenbank.
   Internet: http://www.fis-bildung.de,
   Stand: 14.07.2002.

ERPENBECK, John; HEYSE, Volker:
   Die Kompetenzbiographie.
   Münster: Waxmann, 1999.

FREY, Andreas; BALZER, Lars:
   Soziale und methodische Kompetenzen – Ein Selbst- und Fremdbeurteilungsverfahren für Studierende und Auszubildende unterschiedlicher Berufe.
   Göttingen: Hogrefe, 2002 (in Vorbereitung).

JÄGER, Reinhold S.; FREY, Andreas; WOSNITZA, Marold u.a.:
   Pädagogische Diagnostik.
   In: Pädagogik. Handbuch für Studium und Praxis.
   Hrsg.: ROTH, Leo.
   München: Oldenbourg, 2001, S. 848-872.

WEINERT, Franz E.:
   Concepts of Competence.
   München: Max-Planck-Institut für Psychologische Forschung, 1999.

Beitrag A2.1

# Zur Konzeption von Untersuchungen beruflicher Identität und fachlicher Kompetenz

## – Ein methodologischer Beitrag zu einer berufspädagogischen Entwicklungstheorie

Rainer Bremer

## 1. Hintergrund des Forschungsvorhabens

Die ursprüngliche Problemstellung ergab sich aus der Frage, wie ein großes Modellversuchsvorhaben (innerhalb von vier Jahren Laufzeit ist die qualifikatorische Situation von fast 4.500 Auszubildenden an sieben deutschen Standorten zu verfolgen und zu bewerten) seinem innovativen Anspruch gemäß evaluiert werden kann. Die Schwierigkeit bestand darin, dass glaubwürdig die Erreichung der Ziele des Modellversuchs nur an einem besseren Ausbildungsergebnis dokumentiert werden kann. Da ein wichtiger Aspekt der Innovation in der Kritik der ja hauptsächlich von Prüfungsordnungen und -prozeduren getragenen herkömmlichen Berufsausbildung bestand, kamen für eine wissenschaftlich tragfähige Bewertung der die Implementation ausmachenden Maßnahmen die in diesem System obligatorischen Prüfungen nicht infrage. Die Lösung dieses Problems der Evaluation bestand darin, dessen Umsetzung in den vom Modellversuch insgesamt erwarteten Qualifizierungsergebnissen zu untersuchen, was sich dem Anspruch nach auf eine gegenüber der herkömmlichen Ausbildung höhere fachliche Kompetenz der Auszubildenden niederschlagen müsste.

Ein Bild dieser Kompetenzen wurde zuvor durch die Befragung von qualifizierten Facharbeitern zu ihren professionsbestimmenden beruflichen Arbeitsaufgaben erhoben (in 25 Workshops mit 10 bis 14 Teilnehmern aus dem Expertenpool betrieblicher Facharbeit eines großen deutschen Automobilunternehmens). Damit standen die "harten" Qualifizierungsziele fest, sie wurden curricular aufbereitet und der Ausbildung (in insgesamt fünf neu skizzierten Berufen) zur Umsetzung angeboten. Damit konnte evaluativ überprüft werden, ob die neu definierten Inhalte der Ausbildung in der programmatisch gewünschten Nähe zu realen Arbeits- und Geschäftsprozessen auch erreicht wurde.

## 2. Hypothesenrahmen

Die untersuchungsleitenden Hypothesen stammen ebenfalls aus den Experten–Facharbeiter–Workshops. Übereinstimmend lieferten die Probanden ein Bild ihrer beruflichen Entwicklung, die in drei Dimensionen verlief:

- *Technik und Verfahren:*
  Hierunter fällt alles, was Werkzeugcharakter hat und entsprechende Anforderungen an die Handhabung stellt und vielfach den Beruf selbst prägt.

- *"Arbeit" als Facharbeit:*
  Darunter kann man sich den "Gebrauchswert" der Arbeitskraft vorstellen, das Vermögen, die Arbeitsaufträge auf dem erwarteten professionellen Niveau von Quantität, Qualität, Routine und Selbständigkeit zu erledigen.

- *"Teamverhalten":*
  Dies bedeutet die Fähigkeit zur sozialen Integration, vermittelt durch die Berufsarbeit. Dies schließt die Zusammenarbeit mit Kollegen und Vorgesetzten ein.

Für die Anforderungen, die sich in den genannten Dimensionen stellen, standen den Befragten jeweils Konzepte zur Verfügung, die wir entsprechend benannt haben:

- *Lernkonzept:*
  Technologie und Verfahren sind im beruflichen Fachwissen repräsentiert, die Aneignung von entsprechenden Fähigkeiten zu ihrer Beherrschung ist somit wissensbasiert. Gerade Experten verfügen über tragfähige Lernkonzepte in ihrem Fach, um das Neue zu integrieren.

- *Arbeitskonzept:*
  Facharbeit wird stets unter organisatorischen Bedingungen geleistet, zudem untersteht sie internen und externen Normierungen. Tendenziell verlangt die Ausbildung eines tragfähigen Arbeitskonzepts eine gelungene Dezentrierung des Individuums analog zu den Organisationsbedingungen und Normierungen der Arbeit und ihrer Ergebnisse.

- *Konzept zur beruflichen Zusammenarbeit:*
  Facharbeit auf professionellem Niveau zu leisten, heißt, in der beruflichen Praxisgemeinschaft als Gleicher unter Gleichen akzeptiert zu sein. Hingewiesen sei darauf, dass damit ein starkes Motiv zur beruflichen Weiterentwicklung besteht.

Wendet man diese drei Konzepte, über die Experten verfügen und deren Elaborationsgrad über die Ausprägung ihrer Professionalität entscheidet, auf die Situation von Auszubildenden an der Schwelle von der Schule zur Berufsausbildung an, dann kann davon ausgegangen werden, dass für sie als Anfänger jede Technik, jede Arbeit und jede Praxisgemeinschaft neu ist. Das schließt ein, dass sie die Inhalte und Gegenstände ihrer Berufsausbildung als Herausforderung der Entwicklung einer beruflichen Identität und fachlicher Kompetenzen betrachten müssen. Die daraus kontinuierlich entstehenden Anforderungen lassen sich präzisieren:

- *Welches Lernkonzept wird aufgebaut?*
  Entwicklungsschritt: Wechsel vom schulischen Lernkonzept auf das berufliche.
- *Welches Arbeitskonzept wird angesichts welcher Anforderungen aufgebaut?*
  Entwicklungsschritt: Lernstandards vs. Berufsstandards.
- *Welches (soziale) Integrationskonzept wird verfolgt?*
  Entwicklungsschritt: Peer-to-Peer–Orientierung vs. Anerkennung in beruflicher Praxisgemeinschaft.

Die Überprüfung des jeweils erreichten Standes geschieht durch sog. Evaluationsaufgaben, in denen die Probanden periodisch eine berufliche Aufgabe lösen müssen. An den Lösungen wird der Entwicklungsstand abgelesen und innerhalb einer qualitativ, aber fachlich eindeutigen Bandbreite interpretiert. Dies lässt Rückschlüsse auf die Qualität des beruflichen Lernens zu, das im hier evaluierten Vorhaben von zwei Lernorten organisiert und somit im Resultat festgelegt wird.

## 3. Literatur

BREMER, Rainer:
  Wandel der Facharbeit im Beruf des Werkzeugmechanikers
  In: "Mensch–Maschine–Interaktion" Arbeiten und Lernen in rechnergestützten Arbeitssystemen in Industrie, Handwerk und Dienstleistung.
  Hrsg.: EICKER, Friedhelm; PETERSEN, Willi.
  Baden-Baden: Nomos Verlagsgesellschaft, 2001, S. 233–241.
  (Bildung und Arbeitswelt, Band 2)

BREMER, Rainer:
  Technik und Bildung. Zum pädagogischen Rationalitätsproblem – Versuch einer berufspädagogischen Antwort.
  Bremen: Uni Habil. 2002.

GRUSCHKA, Andreas:
Wie Schüler Erzieher werden. Studien zur Kompetenzentwicklung und fachlichen Identitätsbildung in einem doppeltqualifizierenden Bildungsgang des Kollegeschulversuchs NW.
Wetzlar, 1985.

HAVIGHURST, Robert J.:
Developmental Tasks and Education,
New York: 3. Auflage 1972.

Beitrag A2.2

# Berufliche Entwicklungsaufgaben als Instrument zur Messung beruflicher Kompetenzverläufe

Olaf Herms

## 1. Einführung und Untersuchungsansatz

Die Orientierung der Berufsausbildung an beruflichen Handlungsfeldern und damit an Geschäfts- und Arbeitsprozessen ist ein wesentlicher Bestandteil der Handreichung zur Erarbeitung von Rahmenlehrplänen für den berufsbezogenen Unterricht (Kultusministerkonferenz; vgl. KMK 1999, S. 3 ff.). Die wissenschaftliche Bewertung einer Ausbildung, die sich an konkreter Facharbeit orientiert, ist mit herkömmlichen Prüfungsaufgaben nicht zu erreichen. Aus diesem Grund wurde im Modellversuch GAB[1] ein Instrumentarium entwickelt und erprobt, das Aufschluss über die Entwicklung beruflicher Kompetenz und fachlicher Identität geben soll. In einer auf die berufliche Erstausbildung bezogenen Längsschnittuntersuchung wird dabei der Frage nachgegangen, welche Abschnitte, Übergänge und kritische Schwellen dieser Entwicklung zugrunde liegen. Bezug nehmend auf die mit ca. 230 Experten–Facharbeitern aus fünf Geschäftsfeldern durchgeführten Workshops wird in dem Vorhaben die Hypothese untersucht, dass sich die Entwicklung vom Anfänger zum Experten–Facharbeiter durch die Elaborierung der drei Konzepte zum Lernen, Arbeiten und zur beruflichen Zusammenarbeit (vgl. BREMER, BRETTSCHNEIDER u.a. 2001 sowie BREMER in diesem Band) vollzieht.

Das Milieu, in dem sich die fachliche Identität entwickelt, wurde in einer Totalerhebung mittels standardisierter, teilweise berufsbezogener Fragebögen untersucht. Für die Längsschnittuntersuchung war es außerordentlich wichtig, zu einem frühen Zeitpunkt die Einstellungen und Erwartungen zu erheben, um in folgenden Befragungen die Transformationen dieser Einstellungen und Erwartungen vor dem Hintergrund der Erfahrungen mit der Ausbildung rekonstruieren zu können.

Den Auszubildenden werden je Beruf[2] insgesamt vier berufliche Entwicklungsaufgaben gestellt, die zunächst so gewählt wurden, dass berufsspezifische Aufgabenstellungen von den Probanden theoretisch in schriftlicher Form bearbeitet werden. Die Aufgabenstellung orientiert sich an denen im Curriculum ausgewiesenen Lernbereichen. Die beruflichen Entwicklungsaufgaben sind gestaltungsoffen formuliert, d.h. es gibt keine "richtige" oder "falsche" Lösung, wie in vertrauten Schul- und Prüfungsaufgaben, sondern eine Anzahl mehr oder weniger "angemessener" Varianten. Die Aufgabenstellungen fordern die berufliche Entwicklung der Probanden heraus und können als Lernprozess aufgefasst werden, der im Kontext realer Anforderungen zum Erwerb von Fähigkeiten und Kompetenzen führt (vgl. HAVIGHURST 1948).

## 2. Darstellung und Interpretation der Ergebnisse

Die folgenden Befunde stellen ein Zwischenergebnis dar, das sich auf die ersten drei beruflichen Entwicklungsaufgaben bezieht. Die vierte Entwicklungsaufgabe wird am Ende der Ausbildung der ersten Probandengruppe[3] durchgeführt, sodass abschließende Aussagen über den Entwicklungsverlauf der Auszubildenden zum gegenwärtigen Zeitpunkt noch nicht gemacht werden können.

Die Probanden durchlaufen eine "typische" großindustrielle Ausbildung mit hohen Zeitanteilen in der Ausbildungswerkstatt, in denen –

berufsfeldbreit – grundlegende metallverarbeitende Kenntnisse und Fertigkeiten vermittelt und berufsspezifische Lehrgänge durchgeführt werden. Im weiteren Verlauf der Ausbildung reduziert sich der Anteil der Ausbildung in der Ausbildungswerkstatt zugunsten von betrieblichen Einsätzen.

Die Auszubildenden verfügten zum Zeitpunkt der ersten beruflichen Entwicklungsaufgabe (nach ca. neunmonatiger Ausbildungsdauer) über ein defizitäres Überblickswissen bezogen auf die Geschäftsfelder ihrer Berufe und zeigten nur eine geringe Ausprägung beruflicher Identität. Vielmehr war kontextfreies Grundbildungswissen vorhanden und ein großer Teil der Auszubildenden "reagierte" mit schulischen Lernkonzepten auf die berufsbezogenen Aufgabenstellungen, indem sie träges Fachbuchwissen reproduzierten.

In einer ersten Längsschnittbetrachtung – auf Basis von drei beruflichen Entwicklungsaufgaben – lassen sich folgende Befunde zusammenfassend festhalten:

Ein beachtlicher Anteil der Auszubildenden weicht der Aufgabenstellung aus. Die Auszubildenden sind mit der beruflichen Entwicklungsaufgabe überfordert oder nehmen diese nicht ernst. Die Auszubildenden haben anhaltende Probleme, komplexe Aufgabenstellungen vollständig zu erfassen und gestaltungsoffene Aufgaben zu bearbeiten. Viele Auszubildende "verharren" in schulischen Lernkonzepten, entwickeln diese aber weiter, mit der Folge, dass sich die "trägen" Wissensbestandteile erhöhen, diese aber im Kontext nicht angewendet werden können.

Die Arbeitskonzepte aus der Ausbildungswerkstatt werden unreflektiert auf die beruflichen Aufgabenstellungen übertragen, mit dem Resultat, dass die "Umsetzbarkeit" der Lösungen auf einem niedrigen Niveau verhaftet bleibt. Die zeitnahe Rückspiegelung der durch die beruflichen Entwicklungsaufgaben erhobenen Befunde an die Modellversuchsakteure – im Sinne der formativen Evaluation – hat zu konkreten Maßnahmen zur Förderung der beruflichen Identität geführt und damit zur Verbesserung der Qualität beruflichen Lernens beigetragen.

## 3. Anmerkung

1 Gefördert durch das Bundesinstitut für Berufsbildung (BIBB, Förderkennzeichen: K 2022.00) und die Bund-Länder-Kommission für Bildungsplanung und Forschungsförderung (BLK, Förderkennzeichen: D 2020.00), Modellversuchstitel: Geschäfts– und arbeitsprozessbezogene, dual-kooperative Ausbildung in ausgewählten Industrieberufen mit optionaler Fachhochschulreife (GAB). Ausführliches Modellversuchsportrait im Internet (ITB 2002).

2 Die Untersuchung umfasst die Berufe Automobilmechaniker, Industrieelektroniker, Industriekaufmann, Industriemechaniker und Werkzeugmechaniker.

3 Die Auszubildenden des ersten GAB–Jahrganges haben im Herbst 1999 ihre Ausbildung begonnen und beenden diese im Januar 2003.

## 4. Literatur

BREMER, Rainer; BRETTSCHNEIDER, Volker u.a.:
Gemeinsamer Zwischenbericht und 1. Sachbericht des Modellversuchs GAB.
Bremen, 2001.

HAVIGHURST, Robert J.:
Developmental Tasks and Education.
New York, 1948.

ITB – Institut Technik und Bildung (Hrsg.):
Wissenschaftliche Begleitung des Modellversuches.
Internet: http://www.gab uni-bremen.de.
Stand: 14.07.2002.

KMK – Sekretariat der ständigen Konferenz der Kultusminister der Länder (Hrsg.):
Handreichung für die Erarbeitung von Rahmenlehrplänen der Kultusministerkonferenz für den berufsbezogenen Unterricht in der Berufsschule. Bonn, Fassung vom 05.02.1999.

Beitrag A3.1

# Leistungscontrolling im Kontext ganzheitlicher Kompetenzentwicklung

Bernd Ott

## 1. Ganzheitliches Lernen und Leistungscontrolling

Die Vermittlung überfachlicher Ziele wird in der Berufs- und Betriebspädagogik als ein wichtiger und wertvoller Beitrag zur Persönlichkeitsentwicklung junger Menschen angesehen. Problematisch ist es allerdings, dass bisher kaum Beurteilungssysteme und Erhebungsinstrumente vorliegen, um Schlüsselqualifikationen (SQ) explizit zu erfassen. Das SQ-Konzept wird aber längerfristig kaum tragfähig sein, wenn es nicht gelingt, auch überfachliche Lerninhalte auf eine "operationale Ebene" zu transformieren, den diesbezüglichen Lernerfolg zu bewerten und für den Lernenden erkennbar zu honorieren!

Bereits vorliegende Konzepte sind entweder zu komplex oder zu kompliziert oder sie erfüllen nicht den Anspruch einer ganzheitlichen Leistungsbeurteilung. In diesem Beitrag wird diese Problematik anhand von zwei Leitfragen diskutiert:

- Was bedeutet ganzheitliches Lernen bzw. ganzheitliches Kompetenzprofil?

- Welche Gütekriterien muss eine ganzheitliche Entwicklungsbeurteilung erfüllen und mit welchen Erhebungsinstrumenten sind diese zu erfüllen?

Das Problemfeld "Ganzheitliches Lernen und Leistungscontrolling" war Untersuchungsgegenstand des Modellversuchs "Erfassen und Bewerten von Teamfähigkeit im Rahmen einer ganzheitlichen Berufsausbildung.", der vom Bundesinstitut für Berufsbildung (BIBB) gefördert wurde.

## 2. Ganzheitliches Kompetenzprofil

Ganzheitliches Lernen wird grundsätzlich von zwei Lernbereichen geprägt, dem kognitiv-motorischen (objektbezogenen) Lernbereich und dem psycho-sozialen (subjektbezogenen) Lernbereich (vgl. OTT, 1995, S. 47 ff.). Der kognitiv-motorische Lernbereich betont die Inhalte und Verfahren zukunftsbedeutsamer Handlungssituationen. Zielaspekt ist die Sach- bzw. Fachkompetenz der Lernenden, d.h. die Befähigung zum zielgerichteten, effektiven und selbständigen Arbeiten.

Der psycho-soziale Lernbereich erfasst die affektiv-ethische Seite ganzheitlichen Lernens. Zielaspekt ist die Persönlichkeitsentwicklung der Schüler/Auszubildenden zur Entwicklung ihres eigenen Urteilsvermögens (einschließlich Selbstkritik) und Einübung des sozialen Verhaltens und politischen Handelns.

Beide Lernbereiche durchdringen und ergänzen sich (in der gemeinsamen Schnittmenge) zum methodisch-operativen Lernen; dessen Weg und Ziel ist es, das "Lernen zu lernen"! Die kognitiv-motorische Komponente (methodisch-problemlösendes Lernen) bilden Lern- und Arbeitstechniken, die psycho-soziale Komponente (sozial-kommunikatives Lernen) bezieht sich auf Kooperations- und Kommunikationstechniken. Ganzheitliches Lernen bezieht sich somit auf vier Lernarten:

| Inhaltlich-fachliches Lernen | Methodisch-problemlösendes Lernen | Sozial-kommunikatives Lernen | Affektiv-ethisches Lernen |
|---|---|---|---|
| Zielaspekt: *Fachkompetenz* | Zielaspekt: *Methodenkompetenz* | Zielaspekt: *Sozialkompetenz* | Zielaspekt: *Individualkompetenz* |
| Technologische Kenntnisse | Selbständige Informationsgewinnung | Sachlichkeit in der Argumentation | Geistig-normative Fähigkeit |
| Ökologische Kenntnisse | Produktive Informationsverarbeitung | Offenheit u. Integrationsfähigkeit | Künstlerisch-ästhetische Fähigkeit |
| Ökonomische Kenntnisse | Problemlösungsfähigkeit | Entwickeln von Gesprächsregeln | Politische und soziale Fähigkeit |
| Strukturkenntnisse | Metaplanmethode | Aktives Zuhören | |
| Systemkenntnisse | Leittextmethode | Gesprächsmoderation | Selbstvertrauen |
| Transferfähigkeit | Fallanalyse | | Selbstkritik |
| Beurteilungsfähigkeit | Arbeits-/Zeitplanung | Konfliktmanagement | Reflexionsfähigkeit |
| | | Feedback-Methoden | Mündigkeit |

Tab. 1: Ziele und Inhalte des ganzheitlichen Lernens
(vgl. OTT 2000, S. 14)

- Inhaltlich-fachliches Lernen bezieht sich auf die kognitiven Fähigkeiten und motorischen Fertigkeiten, die z.B. durch die neuen Ausbildungsordnungen festgeschrieben sind – es zielt auf das Erreichen von *Fachkompetenz*.

- Methodisch-problemlösendes Lernen bezieht sich auf die Aneignung grundlegender Lern- und Arbeitstechniken – es zielt auf das Erreichen von *Methodenkompetenz*.

- Sozial-kommunikatives Lernen bezieht sich auf die Aneignung grundlegender Kooperations- und Kommunikationstechniken – es zielt auf das Erreichen von *Sozialkompetenz*.

- Affektiv-ethisches Lernen bezieht sich auf den Umgang mit sich selbst. Seine Intentionen liegen im Selbsterkennen, im eigenverantwortlichen (sozialen und politischen) Handeln, im Aufbau eigener Interessenfelder und Lebenspläne – es zielt auf das Erreichen von *Individualkompetenz*.

In Tabelle 1 sind die wichtigsten Ziele und Inhalte des ganzheitlichen Lernens zusammengestellt.

## 3. Ganzheitliche Entwicklungsbeurteilung (Leistungscontrolling)

Die Beurteilung von Schülern/Auszubildenden ist idealtypisch in zwei Bereiche zu gliedern:

- Leistungsbeurteilung (Zeitpunkt-bezogene Beurteilung) zielt (als "Ausbildungsstandsmessung") auf die objektive Erfassung und Feststellung des Erreichungsgrades von Arbeitsergebnissen und Qualifikationen in einer punktuellen Prüfung.

- Entwicklungsbeurteilung (Zeitraum-bezogene Beurteilung) hat diagnostische Funktion, sie bildet die Grundlage für gezielte Förderungsmaßnahmen zur Kompetenzentwicklung. Entwicklungsbeurteilung bedeutet Leistungscontrolling statt Leistungskontrolle!

Leistungscontrolling wird in diesem Zusammenhang verstanden als zukunftsgerichtete Begleitung und Koordination von didaktisch-methodischen und pädagogischen Entscheidungen. (Fehl-)Entwicklungen werden beobachtet, analysiert und rechtzeitig korrigiert. Damit wird deutlich, dass sich Beurteilungen im Kontext einer ganzheitlichen Berufsausbildung primär an den Zielsetzungen der Entwicklungsbeurteilung orientieren. Ziel ist es, durch einen kontinuierlichen, zielgerichteten Dialog zwischen Lehrer und Schülern (bzw. Ausbilder und Auszubildenden) die fachlichen, methodischen und sozialen Kompetenzen im Lernprozess zu fördern und den Schülern/Auszubildenden die Möglichkeit zu geben, ihre Fach-, Methoden- und Sozialkompetenz resultatorientiert einzusetzen.

Man wird bei einer ganzheitlichen Leistungsbeurteilung sicher von engen testtheoretischen Konstrukten (wie z.B. Validität oder Reliabilität) auf weniger eindeutig objektivierbare Kriterien abheben müssen, gleichwohl muss aber auch das Leistungscontrolling grundsätzliche Anforderungen erfüllen, um nicht den Anschein der Beliebigkeit zu erwecken:

- objektive Beurteilung durch vorab festgelegte einheitliche Kriterien,
- zielgerichtete Beurteilung durch Orientierung an den operationalen Lern- bzw. Ausbildungszielen,
- transparente Beurteilung durch strukturierte Verlaufsbeobachtung,
- differenzierte Beurteilung durch Diagnose des persönlichen Ausbildungsstandes,
- systematische Beurteilung durch Nachweis der Qualifikationsentwicklung.

Mindestanforderungen an die Konzeption einer ganzheitlichen Leistungs- bzw. Entwicklungsbeurteilung sind:

- dass Schüler/Auszubildende zu Lernbeginn präzise über die intendierten (übergeordneten) Lernziele und Beurteilungskriterien informiert werden respektive diese Ziele selbst *planen* und so die Beurteilungskriterien mit *entscheiden*,
- dass sie im Lernprozess gezielt, d.h. nach vorstrukturierten und mitbestimmten Kriterien beobachtet werden und diese Verlaufsbeobachtung mit *durchführen*,
- dass sie in der Rückkoppelung (Feed-back) ihren Arbeits- und Lernprozess gezielt reflektieren und in einem Beurteilungsgespräch selbst *bewerten.*

Im Rahmen des BIBB-Modellversuches "Erfassen und Bewerten von Teamfähigkeit im Rahmen einer ganzheitlichen Berufsbildung" wurden Instrumente zur Verlaufsbeobachtung (Einschätzbogen) und zu Feed-back-Gesprächen (Rückmeldebogen) entwickelt und erprobt.

Der Beitrag zeigt den Einsatz dieser Instrumente zu einer ganzheitlichen Förder- und Entwicklungsbeurteilung anhand eines konkreten problem- und handlungsorientierten Ausbildungsprojektes auf. Die Zielstellungen des Beitrages liegen somit darin, drei zentrale Aspekte des Leistungscontrollings im Kontext einer ganzheitlichen Kompetenzentwicklung vorzustellen und zu diskutieren:

- Verlaufsbeobachtung auf der Basis von operationalen Zielvereinbarungen bzw. Handlungsbeschreibungen,
- kommunikative Validierung auf der Basis von Selbst-, Fremd- und Gruppenbeurteilung (Triangulation),
- kontinuierlicher Verbesserungsprozess in der Ausbildung auf der Basis von Fördergesprächen.

# 4. Literatur

OTT, Bernd:
Ganzheitliche Berufsbildung.
Theorie und Praxis handlungsorientierter Techniklehre in Schule und Betrieb.
Stuttgart: Franz Steiner Verlag, 1995.

OTT, Bernd:
Grundlagen des beruflichen Lernens und Lehrens. Ganzheitliches Lernen in der beruflichen Bildung.
Berlin: Cornelsen Verlag, 2000.

Beitrag A3.2

# Arbeitnehmerorientierte Konzepte zur Kompetenzentwicklung

– Das Projekt KomNetz

Julia Meyer-Menk

## 1. Fragestellungen des Entwicklungs- und Forschungsvorhabens

Dieser Beitrag ist im Rahmen des Projektes "Kompetenzentwicklung in vernetzten Lernstrukturen – Gestaltungsaufgabe für betriebliche und regionale Sozialpartner" (KomNetz) entstanden. Das Projekt mit einer Laufzeit von vier Jahren findet im Rahmen des umfangreichen Forschungsprogramms "Lernkultur Kompetenzentwicklung" des Bundesministeriums für Bildung und Forschung (BMBF) statt. Es wird von den Industriegewerkschaften Bergbau, Chemie, Energie, die Industriegewerkschaft Metall und die Vereinte Dienstleistungsgewerkschaft ver.di durchgeführt, Leitung und wissenschaftliche Begleitung liegen bei der Professur für Berufs- und Arbeitspädagogik der Universität der Bundeswehr Hamburg. In dem Projekt wird die Kompetenzentwicklung von Beschäftigten und Interessenvertretungen untersucht, gestaltet und ausgebaut.

Dieser Beitrag greift zunächst die grundsätzlichen Annahmen des KomNetz Projekts bezüglich arbeitnehmerorientierter Kompetenzentwicklung auf und erläutert, wie reflexive Handlungsfähigkeit von

Beschäftigten untersucht und gefördert werden kann. Das Projekt knüpft im Gebrauch des Begriffes Kompetenzentwicklung explizit an die berufsbildungspolitische Diskussion in diesem Themenfeld an. Der Gebrauch zielt darauf ab, eine begriffliche Anschlussfähigkeit zwischen Aus- und Weiterbildung herzustellen. Es wird davon ausgegangen, dass Kompetenzen die Fähigkeiten, Fertigkeiten und Kenntnisse aus der Perspektive des Subjekts bezeichnen, d.h. sie stellen die Befähigung des lernenden Menschen in den Mittelpunkt. Dieser Kompetenzbegriff hebt sich gegenüber dem Qualifikationsbegriff dahingehend ab, dass er berufliche Qualifikation umfasst, aber auch Elemente der Persönlichkeitsentwicklung und Persönlichkeitsbildung aufnimmt. Der Kompetenzbegriff steht damit in seiner Subjektorientierung in der Tradition der Bildungstheorie und bietet Anknüpfungspunkte zum Bildungsbegriff.

Kompetenzentwicklung bezieht sich umfassend auf die Arbeits- und die Lebenswelt. Sie ist also nicht auf Arbeit und Beruf beschränkt, sondern als die Entwicklung von Fähigkeiten, Methoden, Wissen, Einstellungen und Werten bezieht sie sich auf deren Erwerb und Verwendung in der gesamten Lebenszeit eines Menschen. Das Ziel von Kompetenzentwicklung liegt nach Auffassung des Projektes KomNetz in der reflexiven Handlungsfähigkeit der Individuen. Dabei bezieht sich Reflexivität auf das verantwortliche Handeln gegenüber sich selbst und seiner Lebens- und Arbeitswelt und stellt damit die Metadimension beruflicher Handlungsfähigkeit dar. Die Förderung reflexiver Handlungsfähigkeit wird in dem Projekt KomNetz durch die Verknüpfung von informellen Lernprozessen mit organisierten Lernprozessen unter besonderer Berücksichtigung des Erfahrungslernens geleistet. Damit gewinnen arbeitsorientierte Lernformen an Bedeutung, aber auch moderne Arbeitsorganisationsformen, die Lernpotenziale bieten.

Anhand eines konkreten Beispiels wird dieser Projektansatz verdeutlicht. Das Projekt KomNetz wirkt an der Umsetzung eines neuen Weiterbildungssystems im Bereich der Informationstechnologie (IT) in einem deutschen Großunternehmen mit. Dieses IT-Weiterbildungssystem, das aus gemeinsamen Bemühungen des BMBF und der Sozialpartner hervorgegangen ist, zielt darauf ab, die Weiterbildung in der IT-Branche zu institutionalisieren und bundeseinheitliche Aufstiegs-

und Entwicklungswege zu schaffen. Dazu erarbeitet ein Fachausschuss eine Qualifikationsstruktur mit 35 Tätigkeitsprofilen für IT-Spezialisten und IT-Professionals. In Verbindung mit dem IT-Weiterbildungssystem wurde das Konzept der Arbeitsprozessorientierten Weiterbildung (APO) ebenfalls im Auftrag des BMBF entwickelt. Dieses Konzept zielt darauf ab, die im Rahmen des Ordnungsvorhabens entwickelte Qualifizierungsstruktur für die Weiterbildungspraxis handhabbar zu machen.

In der Umsetzung des IT-Weiterbildungssystems durch das Konzept der Arbeitsprozessorientierten Weiterbildung wird eine Verknüpfung von Aus- und Weiterbildungsstrukturen hergestellt und damit die Möglichkeit geschaffen, Kompetenzentwicklung im oben beschriebenen Verständnis zu gestalten. Zudem wird die Bedeutung informeller Lernprozesse anerkannt, die die Entwicklung erfahrungsorientierter Lernformen in der Arbeit notwendig macht.

Das Projekt KomNetz ist aufgrund des Anspruchs, arbeitnehmerorientierte Weiterbildungskonzepte zu gestalten, an der Umsetzung des IT-Weiterbildungssystems in Unternehmen beteiligt. Im Zuge dieser Umsetzung werden Maßnahmen und Instrumente zur Erfassung und Entwicklung von Kompetenzen und zur Förderung reflexiver Handlungsfähigkeit in arbeitsintegrierten Lernprozessen entwickelt. Zur Differenzierung der oben genannten leitenden Fragestellungen des Projektes werden folgende Fragen fokussiert:

- Welche Elemente zur Erfassung und Beschreibung von Kompetenzen und zur Kompetenzentwicklung werden eingesetzt?
- Wie sind sie bezüglich ihres Potenzials zur Förderung reflexiver Handlungsfähigkeit zu beurteilen und wie sind sie zu gestalten?
- Welche Arbeitsorganisationsformen existieren in den Unternehmensstrukturen und wie sind sie als Lernformen zu gestalten?

## 2. Entwicklungs- und Forschungsmethode

Als Entwicklungs- und Forschungsprojekt orientiert sich KomNetz in seiner methodologischen Anlage an der Handlungsforschung. Es strebt Theorieentwicklung und zugleich Veränderung und Gestaltung der Praxis an. Demzufolge stehen die theoretischen Forschungsfelder in Wechselbeziehung zu den Ansprüchen der praktischen Entwicklungsarbeit. Als anhand des genannten Beispiels lassen sich sowohl die einzusetzenden Instrumente als auch die geplante prozessbegleitende Evaluation durch die wissenschaftliche Begleitung beschreiben.

## 3. Ergebnisse und ihre wissenschaftliche Bedeutung

Das IT-Weiterbildungssystem und seine Umsetzung durch das Konzept der Arbeitsprozessorientierten Weiterbildung stellt einen "Meilenstein" für das betriebliche Lernen und die Kompetenzentwicklung dar, weil es die Anerkennung informeller Lernprozesse vorantreibt und in ein umfassendes System der Entwicklung von Kompetenzen einbezieht. Die voraussichtlichen Ergebnisse lassen Schlüsse darüber zu, wie die Förderung reflexiver Handlungsfähigkeit zu gestalten ist.

Darüber hinaus wird sich erweisen, ob dieser Weiterbildungsansatz auch auf andere Bereiche der Weiterbildung übertragbar ist. Es werden aber auch Aussagen dazu möglich, wie ein Lernen in der Arbeit zu gestalten ist, bei dem Erfahrungslernen nicht situativ bleibt, sondern kontinuierlich mit organisiertem Lernen verbunden wird.

## 4. Literatur

DEHNBOSTEL, Peter; ELSHOLZ, Uwe; MEISTER, Jörg; MEYER-MENK, Julia (HRSG.):
 Vernetzte Kompetenzentwicklung. Alternative Positionen zur Weiterbildung.
 Berlin: Sigma, 2002.

BMBF - Bundesministerium für Bildung und Forschung (Hrsg.):
 IT-Weiterbildung mit System - Neue Perspektiven für Fachkräfte in Unternehmen.
 Bonn: BMBF-publik, 2002.

Beitrag A3.3

# Akquise von Expertenwissen für ein Wissensmanagement-System

Rolf Zöllner

## 1. Ein Wissensmanagement für die Reaktorsicherheit

Kompetenzerhalt und -entwicklung gilt für jede Organisation als essenzieller Erfolgsfaktor. Für den Bereich der Reaktorsicherheit trifft diese Feststellung besonders zu: Die Situation ist geprägt von einem altersbedingten Ausscheiden vieler Sachverständiger aus dem Arbeitsleben und durch einen akuten Mangel an Nachwuchskräften. Daher wurden im Rahmen eines vom Bundesministerium für Umwelt, Naturschutz und Reaktorsicherheit (BMU) bzw. Bundesamt für Strahlenschutz (BfS) geförderten Vorhabens SR2400 die technischen und organisatorischen Voraussetzungen für ein Wissensmanagement-System entwickelt und am Beispiel des Fachgebietes Störfallanalyse konkretisiert. Ziel ist es, die Kompetenz der Sachverständigenorganisationen zu sichern und auszubauen.

Dazu fokussiert und optimiert Wissensmanagement den organisationalen Informationsfluss. Daten und Informationen, die zur Aufgabenlösung und Entscheidungsfindung notwendig sind werden zielgenau bereitgestellt, neu generierte Inhalte systematisch erfasst, dokumentiert und wieder verfügbar gemacht. Die Zielerreichung nach definierten Kriterien - wie relevantes Wissen möglichst umfassend und mit bestmöglicher Qualität zu erfassen und bereitzustellen ist - wird dabei kontinuierlich überprüft.

Der vorliegende Beitrag befasst sich mit der Erfassung von Wissen für das Wissensmanagement. Dazu stehen einerseits verschiedene Standardinstrumente bereit, die unmittelbar bei den organisationalen Prozessen ansetzen. Doch gilt es bezogen auf die Problemstellung, gerade das Wissen derjenigen Sachverständigen zu erfassen, die aus den Organisationen ausscheiden werden, noch bevor diese Standardinstrumente des Wissensmanagements greifen können. Dieser Teilbereich der Wissenserfassung wird hier behandelt. Aufgabe ist es, ein geeignetes Verfahren zu konkretisieren, um Erfahrungen für die Entwicklung effektiver und standardisierter Erfassungsmethoden zu generieren. Ziel ist es, einen möglichst großen Teil des undokumentierten Erfahrungswissens der ausscheidenden Sachverständigen zu explizieren und durch das Wissensmanagement der Organisation weiterhin nutzbar zu machen.

## 2. Ein Erfassungsinstrument zur Erfahrungsgenerierung

Nach Sichtung bestehender diagnostischer Verfahren zur prozessorientierten Akquise von Wissensinhalten und der standardisierten Befragung von 27 Sachverständigen aus dem Bereich Reaktorsicherheit wird ein Interviewleitfaden entwickelt. Dieser charakterisiert sich als Kombination eines halbstandardisierten Interviews mit einer Struktur-Lege-Technik, die sich an der Methodik von SCHEELE und GROEBEN (1984) orientiert. Den formalen Hintergrund für die Analyse des Handlungs- und Informationsflusses liefert das Modell der hierarchisch-sequenziellen Handlungsorganisation (VOLPERT 1992).

## 2.1 Methode und Vorgehensweise

Zunächst wird mit dem befragten Sachverständigen ein definierter Aufgabenbereich ausgewählt. Im darauf folgenden Schritt wird mit Hilfe der Struktur-Lege-Technik der Informationsfluss bei der Aufgabenlösung analysiert. Ergebnis ist eine Baumstruktur mit übergeordneten und untergeordneten Aufgaben. Dabei werden insbesondere die Entscheidungsknoten fokussiert. Ein dritter Schritt spezifiziert anschließend den für die Aufgaben und Entscheidungen notwendigen Informationsinput und den resultierenden Informationsoutput.

Die Methode wird in zwei Interview-Terminen mit einem in Kürze ausscheidenden Sachverständigen für Störfallanalysen einer Reaktorsicherheitsorganisation auf Praxistauglichkeit und Leistungsfähigkeit hin getestet. Thematisiert wird zum einen die Erstellung des Datensatzes für eine Simulationsrechnung, zum anderen die Vorgehensweise bei Rechnungen mit unklaren Randbedingungen. Die Auswertung erfolgt nach Maßgabe qualitativer Methodenstandards.

## 2.2 Ergebnisse und Lessons Learned

Die Ergebnisse der beiden Gespräche zeigen, dass mit Hilfe dieser kombinierten Methodik Teile des impliziten Wissens des Sachverständigen expliziert und erfasst werden können. Insbesondere undokumentiertes Methodenwissen und Wissen um Personennetzwerke können erschlossen und einzelnen Handlungsschritten zugeordnet werden. Dadurch wird eine prozessorientierte Kategorisierung möglich.

Die Erfahrungen aus der praktischen Durchführung zeigen aber auch die Grenzen der gewählten Vorgehensweise auf:

- Durchführung, Auswertung und Aufbereitung der Interviews sind mit großem Zeit- und Arbeitsaufwand verbunden.
- Eine systematische und erschöpfende Explizierung der relevanten Informationsquellen und deren Speichermodalitäten konnte noch nicht zufriedenstellend erreicht werden.

## 3. Ausblick

Die Erfahrungen und Ergebnisse werden in Nachfolgeprojekten für die Einführung eines Wissensmanagement-Systems bei Gutachterorganisationen genutzt und weiterentwickelt. Dazu wird einerseits auf Basis der bisherigen Ergebnisse ein Fragebogen erstellt, durch den eine gezielte Erfassung der verwendeten Informationsquellen vorgenommen wird. Andererseits wird in Hinblick auf die effiziente und standardisierte Erfassung des Expertenwissens ein rechnerbasiertes Instrument angestrebt.

Um den Arbeitsaufwand gering zu halten, wird dazu auf das am Lehrstuhl für Ergonomie der TU München entwickelte Ereignis-Erfassungssystem EVEO zurückgegriffen. Durch eine optimierte Mensch-Maschine-Schnittstelle, die der kognitiven Organisation von Expertenwissen Rechnung trägt, lässt sich die systematische Erfassung und strukturierte Dokumentation für definierte Aufgabenbereiche erheblich verbessern.

## 4. Literatur

BUBB, Heiner:
    Systemergonomische Gestaltung.
    In: SCHMIDTKE, Heinz.
    Hrsg.: Ergonomie.
    München: Carl Hanser Verlag, 1993, S. 390-420.

SCHEELE, Brigitte; GROEBEN, Norbert:
    Die Heidelberger Struktur-Lege-Technik: Eine Dialog-Konsens-Methode zur Erhebung subjektiver Theorien mittlerer Reichweite.
    Weinheim: Beltz Psychologie Verlags Union, 1984.

VOLPERT, Walter:
    Wie wir handeln – was wir können: Ein Disput als Einführung in die Handlungspsychologie.
    Heidelberg: Roland Asanger Verlag, 1992.

Beitrag A3.4

# Erweiterte real-virtuelle Welten in der beruflichen Bildung

## – Konzeptionelle Überlegungen

Martin Frenz
Stefan Wiedenmaier
Kirstin Lenzen

## 1. Einleitung

Augmented Reality (AR) ist eine Form der Mensch-Technik-Interaktion, in welcher dem Anwender virtuelle Informationen in sein reales Sichtfeld - zum Beispiel mit Hilfe einer Datenbrille – eingeblendet werden. Ziel dieses Beitrages ist es, AR-Anwendungen nicht lediglich als Bestandteil der Arbeit zu sehen, sondern stattdessen AR-Anwendungen auch mit dem Fokus multimedialer Unterstützung beruflichen und arbeitsbezogenen Lernens zu betrachten.

Im Rahmen konzeptioneller Überlegungen werden daher die Möglichkeiten und Chancen von AR-Technologien in der beruflichen Bildung aufgezeigt. Dazu wird die erziehungswissenschaftliche Diskussion zum multimedialen Lernen in der beruflichen Bildung aufgegriffen (Kap. 2). Anschließend stellt Kapitel 3 zentrale Untersuchungsergebnisse der Arbeitswissenschaft zur Gestaltung von AR-Systemen vor. Unter Berücksichtigung dieser Ergebnisse werden einer erziehungswissenschaftlichen Systematik folgend Konzepte für neu entwickelte AR-unterstützte Lehr-Lern-Arrangements entwickelt.

## 2. Zum Verhältnis von virtuellem und realem Lernen in der beruflichen Bildung

Aufgrund des technischen Wandels wird es für Lernende in der beruflichen Aus- und Weiterbildung immer wichtiger, die Kompetenz zu entwickeln, ein systematisch ausgerichtetes Basiswissen mit jeweils neuen Wissensbeständen zu verknüpfen. Durch diese Kompetenz werden die Lernenden in die Lage versetzt, singuläre, unvorhergesehene Probleme zu lösen. Zum Beispiel werden Lernende und Arbeitende im Kfz-Service täglich mit neuen Situationen konfrontiert, die sie nicht mit einem einmalig erworbenen Wissen lösen können, sondern deren Lösung sie individuell erarbeiten müssen.

Um diese Kompetenz zu entwickeln, sollten Lehr-Lern-Arrangements so gestaltet werden, dass reale und virtuelle Welten didaktisch reflektiert aufeinander bezogen sind (vgl. HOPPE 2001). Augmented-Reality-Systeme stellen die technischen Voraussetzungen zur Verfügung, um reale und virtuelle Lehr-Lern-Arrangements unmittelbar miteinander zu verknüpfen.

## 3. Arbeitswissenschaftliche Anforderungen an die Gestaltung von AR-Systemen

Für den Produktions- und Servicebereich wurden bereits Prototypen der AR-Anwendung entwickelt, in denen zusätzlich zur realen Wahrnehmung visuelle und auditive Informationen mit Datenbrillen und Headsets gegeben werden. Diese zusätzlichen Informationen sind an die reale Wahrnehmung des Benutzers gebunden. Dies geschieht mit Hilfe des sog. Trackings, d.h. durch örtliche Registrierung des Arbeitenden und seiner Umwelt.

Eine Untersuchung zur AR-unterstützten Servicemontage an einer Automobiltür beschreiben WIEDENMAIER u.a. (2002). Sie umfasste das folgende Ziel: fehlerfreie Montage unterschiedlich komplexer Montageoperationen in möglichst kurzer Zeit. Zur Ausführung standen

den Versuchspersonen dieser Montageoperationen entweder AR-Unterstützung, eine Papieranleitung oder ein Expertentutorium zur Verfügung. Die Versuchspersonen mit AR- und Papieranleitung benötigten für einfache Aufgaben ähnliche Ausführungszeiten, während mit dem Expertentutorium schnellere Montagezeiten erzielt wurden. Bei der schwierigsten Aufgabe verkürzte das AR-System die Montagezeit im Durchschnitt um 33 % gegenüber der Papieranleitung.

AR ermöglichte mit einer signifikant niedrigeren Fehlerhäufigkeit gegenüber der Papieranleitung eine bessere Montagequalität, selbst ohne ein automatisches Registrieren der Fehler mit Hilfe des AR-Systems. Doch auch hier schnitt das Expertentutorium am besten ab.

## 4. AR-Lehr-Lern-Arrangements

Unter Berücksichtigung der arbeitswissenschaftlichen Untersuchungen von WIEDENMAIER u.a. (2002) werden für die idealtypischen Konzepte des Teleteachings, des Teletutorings und der Telekooperation mit AR-Technologien realisierte Lehr-Lern-Arrangements entwickelt, welche die konzeptionelle Grundlage für spätere erziehungswissenschaftliche Untersuchungen liefern können.

### 4.1 AR-Teleteaching

Das Szenario "Montage einer Pkw-Tür" entspricht dem Idealkonzept des Teleteaching. In der Untersuchung von WIEDENMAIER u.a. (2002) wurde deutlich, dass AR-unterstütztes Teleteaching für die Vermittlung anspruchsvoller Arbeitsprozesse an eine große Anzahl von Benutzern geeignet ist. Für vereinzelte Spezialfälle eignet es sich hingegen weniger, da die Programmierung der Spezialfälle momentan zu aufwändig wäre.

## 4.2 AR-Teletutoring

In dem oben zitierten Szenario wurde ebenfalls gezeigt, dass die durch ein reales Expertentutorium unterstützte Vergleichsgruppe am schnellsten und mit den wenigsten Fehlern arbeitete. Ein ähnliches Ergebnis ist von Lehr-Lern-Arrangements nach dem Konzept des Teletutoring zu erwarten. Insbesondere die Kompetenz, für singuläre Probleme Strategien zu entwickeln, kann im Austausch mit dem Tele-Tutor erprobt werden. Diese Konzeption ist aus einer erziehungswissenschaftlichen Perspektive zu untersuchen.

## 4.3 AR-Telekooperation

Zentrales Merkmal der AR-Telekooperation ist die synchrone Entwicklung und Bearbeitung einer Problemstellung. Im Vergleich zum Teletutoring wird in dieser Konstellation auch versucht, den kooperativen Austausch zwischen Lernenden mit unterschiedlichem Wissen zu fördern. Das Charakteristische an dieser AR-unterstützten Form der Telekooperation besteht darin, dass hier alle Teilnehmer auf ein Objekt bezogen virtuelle Informationen ergänzen können, obwohl nur einer der Teilnehmer das Objekt direkt wahrnimmt. Die aktive, räumlich getrennte Mitgestaltungsmöglichkeit an einem Objekt kann eine besondere Motivation für den gemeinsamen Lernprozess auslösen. Solche Lehr-Lern-Arrangements sind bisher trotz der zu vermutenden didaktischen Potenziale noch nicht im Detail ausgearbeitet und untersucht worden.

# 5. Literatur

FRENZ, Martin; WIEDENMAIER, Stefan; LENZEN, Kirstin:
Web-Based Augmented Reality (AR) in Vocational Education.
In: Proceedings of the 6th International Scientific Conference on Work with Display Units.
Hrsg.: LUCZAK, Holger; ÇAKIR, Ahmet; ÇAKIR, Giesela.
Berlin: ERGONOMIC Institut, 2002, S. 150-152.

HOPPE, Manfred:
Zum Verhältnis von virtuellem und authentischen Lernen in der beruflichen Bildung.
In: Neue Medien – Perspektiven für das Lernen und Lehren in der beruflichen Bildung.
Hrsg.: PFEIL, Günther; HOPPE, Manfred; HAHNE, Klaus.
Bielefeld, 2001.

WIEDENMAIER, S.; OEHME, O.; SCHMIDT, L.; LUCZAK, H. (2002),
Augmented Reality (AR) for Assembly Processes - Design and Experimental Evaluation.
In: International Journal of Human Computer Interaction,
Mahwah NJ, 14(2002), in Druck.

Beitrag A4.1

# Individuelle Kompetenz

– Navigator in Veränderungsprozessen

Wolfgang Wittwer

## 1. Zieloffenheit der gesellschaftlichen Entwicklungsprozesse

Wir leben in einer Gesellschaft, die durch tiefgreifende, das gesamte gesellschaftliche Gefüge erfassende Veränderungsprozesse gekennzeichnet ist. Diese Prozesse, die noch nicht abgeschlossen sind, führen zu einer Situation des "Nicht-mehr" und "Noch-nicht". Diese Entwicklung hat weitreichende Konsequenzen u.a. für Arbeit, Beruf und Bildung. Sie bedeutet Veränderung der Arbeitsinhalte, Ausübung einer Berufstätigkeit auf Zeit, Wechsel von Arbeitsplatz, Betrieb, Beruf; aber vor allem auch Verlust an beruflicher Orientierung sowie die Notwendigkeit, Entscheidungen eigenverantwortlich und unter Unsicherheit zu treffen. Zahlen aus der Statistik belegen diese Entwicklung (vgl. BMBF 2001, S. 162 ff.).

Die Entwicklung von Arbeit und Beruf findet somit künftig unter Bedingungen einer zieloffenen Transformation statt (vgl. SCHÄFFTER 1998, S. 25). Sie ist zu verstehen als offener Übergang von einer im weitesten Sinne als defizitär erlebten Situation (z.B. mangelnde Qualifikation, fehlende Arbeitsmöglichkeiten etc.) hin zu einer Situation, von der man nicht weiß, wie tragfähig sie sein wird, d.h. welche neuen Situationsanforderungen sie begründet.

## 2. Begriffliche Abgrenzung: Individuelle Kompetenz

Die Frage ist: Wer oder was kann uns in diesen Veränderungsprozessen Orientierung geben? Unsere These ist, dass die individuelle Kompetenz (Stärke, Besonderheit) in Zukunft diese Orientierungsfunktion übernehmen kann (vgl. WITTWER 2001). Sie ist gleichsam der Navigator, mit dessen Hilfe sich die Erwerbsfähigen in den unbekannten und sich immer wieder verändernden "Gewässern" von Arbeit und Beruf orientieren können. Die Begründung ergibt sich aus der dreifachen Funktion der individuellen Kompetenz:

- Das Wissen um die eigene Stärke und deren Erleben in unterschiedlichen Berufssituationen ist Leitmotiv und Motor der beruflichen Entwicklung. Sie gibt den Erwerbsfähigen Orientierung.

- Die individuelle Kompetenz sichert Kontinuität, indem sie im Gegensatz zu Fachqualifikationen nicht veraltet.

- Die individuelle Kompetenz begründet den Erwerb von Fachqualifikationen.

Der Begriff der Kompetenz unterscheidet sich durch den Subjektbezug grundlegend von dem (Schlüssel-)Qualifikationsbegriff. Unter dem Konstrukt Kompetenz wird hier ein subjektbezogenes, in wechselnden Situationen aktivierbares Handlungssystem verstanden, das auf den ganz persönlichen Ressourcen eines Individuums, seinen Besonderheiten bzw. Stärken basiert. Kompetenzen werden von zwei Seiten her bestimmt: von der Situation (Anforderungsseite) und der Person (persönliche Ressourcen) (vgl. DETTBARN-REGGENTIN 1995, S. 39). Die Entwicklung und Anwendung von Kompetenzen ist daher immer im gesellschaftlichen Kontext zu sehen. Sie erfolgt niemals isoliert für sich, sondern in Auseinandersetzung mit der jeweiligen sozialen Situation. Beim Kompetenzbegriff lassen sich somit in analytischer Differenzierung zwei Dimensionen unterscheiden:

- *Kernkompetenzen:*
  Darunter sind die Fähigkeiten und Fertigkeiten zu verstehen, die von einem Individuum im besonderen Maße beherrscht und in unverwechselbarer Weise angewendet werden (individuelle Besonderheiten, Stärken).

- *Veränderungskompetenzen:*
  Damit sind die Fähigkeiten gemeint, auf die unterschiedlichen und wechselnden Anforderungen eingehen und diese in Alltagssituationen verarbeiten zu können (vgl. WITTWER 2001, S. 243 ff.).

Mit dieser Neuorientierung tritt zugleich ein Perspektivwechsel ein. Der Erwerbsfähige erlebt nämlich die eigenen Fähigkeiten und Fertigkeiten jetzt nicht mehr als Resultat der Anforderungen eines ganz bestimmten Berufes, sondern als persönliche Kompetenz, die er berufsübergreifend bzw. berufsunabhängig einsetzen kann.

Damit wird zugleich auch der Zugang zu informellen Lernfeldern sowie zu Kenntnissen, Fähigkeiten und Fertigkeiten, die im Rahmen von Tätigkeiten im sozialen Umfeld der Unternehmen erworben wurden, geöffnet. Wissen und Erfahrungen aus diesen "Grenzgängen" spielen für beruflich-betriebliches Arbeitshandeln eine wichtige Rolle.

## 3. Forschungsansatz und -fragen

Wie bei allen neuen (modischen) Konzepten, so stellt sich auch hier die Frage, inwieweit diese bereits in der Praxis konkret angewendet werden. Im Rahmen einer Vorstudie soll daher gefragt werden:

- Welches Verständnis von Kompetenz haben Personalentwickler und Weiterbildner und inwieweit fördern sie bereits die individuellen Kompetenzen der Mitarbeiter?

- Kennen die Erwerbsfähigen ihre individuellen Kompetenzen und welche Rolle spielen diese für sie bei der beruflichen Entwicklung?

Zurzeit wird im Rahmen einer Pilotstudie eine Befragung von Personalentwicklern durchgeführt. Die Befragung erfolgt nach der Delphi-Methode. Die Delphi-Methode ist eine intersubjektive Befragungsmethode: Eine anonyme Gruppe eines bestimmten Arbeitsbereichs tauscht sich zu einem bestimmten Thema – hier Kompetenz – über integrierte Feedback-Schleifen aus. D.h., in einer ersten Runde wird ein kleiner Kreis von Experten zum Thema befragt. Auf der Basis dieser Antworten werden Thesen formuliert, die an einen größeren Personenkreis verschickt werden. Deren Antworten werden wiederum zusammengefasst und dann noch einmal an die Befragten der ersten Runde versendet, wobei diese um eine Bewertung bzw. Gewichtung gebeten werden. Die erste Befragungsrunde ist bereits abgeschlossen.

## 4. Erste Befragungsergebnisse

Die Ergebnisse der ersten Delphi-Runde können hier nur ausschnitthaft bzw. kursorisch dargestellt werden.

- Fast alle Befragten (97 %) verstehen unter Kompetenz Fähigkeiten und Fertigkeiten, die sowohl beruflich als auch außerberuflich erworben werden können. Kompetenzen schließen Persönlichkeitsmerkmale der Individuen mit ein. Sie beinhalten allerdings nur für 60 % von ihnen die besonderen Stärken eines Individuums.
- Dagegen sind rund 95 % der Ansicht, dass eine Kompetenz verschiedene Qualifikationen umfasst. Das Verhältnis von Qualifikation und Kompetenz ist dadurch gekennzeichnet, dass Qualifikationen nichts darüber aussagen, inwieweit die erworbenen Kenntnisse und Fähigkeiten angewendet werden können. Qualifikationen erhalten ihre Bedeutung (erst) durch die Fähigkeit der Erwerbsfähigen, ihr Wissen und Können (Qualifikationen) in

immer neuen Situationen anwenden zu können (84 % Zustimmung). Diese Fähigkeit wird als wichtiger Bestandteil von beruflicher Kompetenz gewertet (73 % Zustimmung). Für zwei Drittel der Befragten bestimmt sie die Beschäftigungsfähigkeit der Individuen.

- Widersprüchliche Aussagen gibt es hinsichtlich der Nutzung bzw. Förderung der individuellen Kompetenzen. Während rund 77 % der These zustimmen, nach der die Führungskräfte die individuellen Stärken ihrer Mitarbeiter kennen und sie dementsprechend einsetzen, sind nur jeweils ein Drittel der Meinung, dass das Leitprinzip von betrieblicher Weiterbildung und Personalentwicklung die Förderung der individuellen Besonderheiten ist und dass sich die Arbeitsorganisation nach den individuellen Kompetenzen der Mitarbeiter richtet. Die Vermutung liegt nahe, dass hier von einer Aufgabenteilung ausgegangen wird. Personalentwicklung und Weiterbildung kümmern sich um die Qualifikationen der Mitarbeiter, die Führungskräfte setzen diese dann entsprechend der organisatorischen Bedingungen ein. Für diese Annahme spricht, dass nur 40 % der Befragten der These zustimmen, nach der in der Weiterbildung nicht mehr von einer Defizit-, sondern von einer Stärkenanalyse ausgegangen wird. In der zweiten Delphi-Runde muss hier noch genauer nachgefragt werden.

Die Bedeutung der Antworten auf die oben gestellten Forschungsfragen liegt auf zwei Ebenen:

- *Praxisebene:*
  Sie geben der Personalentwicklung Hinweise für eine Neuorientierung sowie den Erwerbsfähigen zur Gestaltung ihrer individuellen beruflichen Entwicklung.
- *Wissenschaftsebene:*
  Sie können zu einem Überdenken der theoretischen Zusammenhänge bzw. Bezüge von Erwerbsarbeit, Beruf und beruflicher Bildung führen.

# 5. Literatur

BMBF – Bundesministerium für Bildung und Forschung (Hrsg.):
Berufsbildungsbericht 2001.
Bonn, 2001.

DETTBARN-REGGENTIN, J.:
Das Kompetenzmodell des Alterns. Implikationen für eine Bildung im Alter.
In: Erwachsenenbildung in Österreich.
Wien: Österreichischer Bundesverlag, 46(1995)3, S. 39-42.

SCHÄFFTER, Ortfried:
Weiterbildung in der Transformationsgesellschaft.
Berlin: Arbeitsgemeinschaft Qualifikations-Entwicklungs-Management, Geschäftsstelle der Arbeitsgemeinschaft Betriebliche Weiterbildungsforschung, 1998.

WITTWER, Wolfgang:
Berufliche Weiterbildung.
In: Berufs- und wirtschaftspädagogische Grundprobleme. Bd. 1.
Hrsg.: SCHANZ, Heinrich.
Baltmannsweiler: Schneider-Verlag Hohengehren, 2001, S. 229-247.

Beitrag A4.2

# Soziale Kompetenz – eine Vertrauensdimension

Olaf Geramanis

## 1. Vertrauen und Soziale Kompetenz

Als ob es die Pädagogik als eine wissenschaftliche Disziplin nicht gäbe, etabliert sich derzeit an ihr vorbei ein wachsender Diskurs zum Thema Vertrauen. Vor allem Ökonomen, aber auch Soziologen und Psychologen greifen dieses Thema auf, beleuchten es von unterschiedlichen Seiten und halten den Diskurs weitgehend auf ihr Gebiet beschränkt. Die Frage der Vermittelbarkeit, Lehrbarkeit und Lernbarkeit von Vertrauen wird, wenn überhaupt, nur marginal erwähnt. Dies ist umso verwunderlicher, weil dieser Diskurs eine Vielfalt von pädagogischen Anknüpfungspunkten bietet. Wenn Vertrauen nach LUHMANN (1989) ein Mechanismus ist, der soziale Komplexität reduziert, um mit Ungewissheit umzugehen, dann ist es doch eine interessante Frage, inwiefern beispielsweise "Vertrauenskompetenz" eine notwendige Fähigkeit dazu wäre.

Vielleicht aber hat der Vertrauensdiskurs in der Pädagogik einen anderen Namen. Es gibt eine unüberschaubare Menge an Weiterbildungsliteratur, die für sich in Anspruch nimmt, das Thema der Sozialen Kompetenz hinreichend zu bearbeiten. Der Begriff der Sozialen Kompetenz dient dabei zugleich als *Erklärung für* sowie *Folge von* Kooperation, Teamfähigkeit, Konfliktfähigkeit, Gemeinsinn und Empathiefähigkeit. Ist Soziale Kompetenz dann das *individuelle* Vermögen, mit der die besagte soziale Komplexität reduziert werden kann? Oder ist Soziale Kompetenz lediglich ein Sprachspiel, das in seiner Vieldeutigkeit und der Beliebigkeit seiner Anwendung ein typisches Kennzeichen dafür ist, eher zu einer Integrationsideologie insbesondere im ökonomischen Kontext zu avancieren, als der Differenzierung zu dienen?

Um dem Begriff näher zu kommen, spricht meines Erachtens viel dafür, dass bei der Diskussion um Soziale Kompetenz auf der einen, und Vertrauen auf der anderen Seite von derselben Problemstellung ausgegangen werden kann. Die Frage lautet dann: Wie bleibt ein Individuum in Zeiten zunehmender Risiken und Ungewissheit handlungsfähig und inwieweit ist es in seinem Handeln abhängig von anderen Individuen, bzw. sind andere abhängig von ihm? Unter diesem Fokus würde Soziale Kompetenz bedeuten, die individuelle Fähigkeit zu besitzen, in *sozialer Art und Weise* miteinander umzugehen. Aber ist das Soziale tatsächlich etwas, was individuell verfügbar ist?

Bereits hierin zeigt sich ein struktureller Widerspruch. Soziale Kompetenz zielt auf das Herstellen eines sozialen Miteinanders ab, ohne dass ein gemeinschaftliches Miteinander allein individuell herstellbar wäre. Und dies sind dieselben Widersprüche wie in der Frage, ob vertrauensvolle Kooperation allein die Folge einer individuellen Strategie sein kann oder ob die Vergabe von Vertrauen bereits einen verlässlichen und vertrauten Rahmen braucht. Damit ist auch Vertrauen nicht nur eine individuelle Risikokalkulation, sondern ebenso eine "überindividuelle", soziale Ressource (GERAMANIS 2002) bzw. ein soziales Kapital (BOURDIEU 1983). Es ist das Eine nicht vollständig durch das Andere erklärbar.

## 2. Soziale Kompetenz und Aufnahme persönlicher Beziehung

Diese Verknüpfung deutlich und handhabbar zu machen, ist zunächst weniger ein empirisches als vielmehr ein konzeptuelles Problem. Meine These lautet daher:

*Soziale Kompetenz ist die Fähigkeit, sich trotz Ungewissheit dafür zu entscheiden, mit anderen in eine persönliche Beziehung zu treten.*
Damit sind drei Bedingungen formuliert:

- *Erstens* bedarf es eines Zustands der Ungewissheit. Solange menschliches Verhalten im Allgemeinen und Arbeitsleistungen im Besonderen durch Zwang, ökonomischen Druck oder bürokratische Regeln kontrolliert werden können, besteht kein Grund, sich um Soziale Kompetenz, um Einstellungen, gemeinsame Werte oder vertrauensvolle Beziehungen zu kümmern. So war soziale Ordnung lange Zeit hinreichend über Stratifikation, Korporationen und Bürokratien sichergestellt. Entscheidungen konnten über Rollen und Positionen exekutiert und die Verantwortung auf Programme und Zwecke delegiert werden. Die Zukunft war nicht offen, sondern bestand in der Fortsetzung der funktionalen Regelhaftigkeit der Vergangenheit. Dies hat sich in Zeiten einer globalisierten Moderne grundlegend geändert. Die weltweiten Märkte für Produkte und Dienstleistungen sind prinzipiell unvorhersehbar und damit ungewiss geworden – ebenso wie die Börsen. Erfolg kann nicht mehr im Voraus produziert werden, sondern lässt sich nur noch im Nachhinein rechtfertigen. Um auf diesen hart umkämpften Märkten bestehen zu können, nehmen die Unternehmen mehr und mehr Abstand von den herkömmlichen Kontrollmethoden. Die Aufforderung an die Beschäftigten lautet lediglich, ihre Arbeit erfolgreich selbst zu organisieren. Dieser Prozess der Delegation von Verantwortung stellt sich zugleich auch als eine Entlassung in die individuelle Ungewissheit dar.

- Damit steht das Individuum *zweitens* in der Situation, allein eine Entscheidung treffen und verantworten zu müssen. Im Extremfall kann es sich auf kein Kollektiv, auf keine Organisation, auf keinen Vorgesetzten mehr berufen. Es ist also nur konsequent, dass der Einzelne nun seine individuelle Rationalität zum dominanten Handlungsmuster macht, womit die Verwirklichung einer kollektiven Rationalität zum Problem wird. Die Rede von sozialem Miteinander und Gemeinwohl wird aber widersinnig, wenn jeder Einzelne nur noch danach schaut, seine eigenen Interessen zu verantworten. Naiv wäre es zu glauben, dass Soziale Kompetenz jetzt die Lösung für dieses Problem ist; nach dem Motto: Ich bin souverän und habe die Soziale Kompetenz, um ein soziales Miteinander herzustellen. Vielmehr stellt sich die Frage, was für Bedingungen erfüllt sein müssen, um die Entscheidung treffen zu können, seinem Gegenüber zu vertrauen oder nicht. Wie hoch, wie tragbar und wie entscheidbar ist das Risiko, sich in derart ungewissen Situationen auf jemand anderen zu verlassen?

- Der *dritte* Bestandteil meiner These bringt von daher die wesentlichen Bedingungen des Sozialen mit hinein. Es kann keine individuelle Soziale Kompetenz ohne ein soziales Gegenüber geben, sei es in Form eines einzelnen Menschen oder eines Kollektivs. Es geht um den Eintritt in eine persönliche Beziehung, die damit über eine rein instrumentelle und instrumentalisierbare Form der Zusammenarbeit hinausweisen muss, um wirksam werden zu können. Sozial kompetent zu sein, bedeutet dann, sich selbst und seine Handlungen immer auch aus der Perspektive seines Gegenübers sehen zu können. Es bedeutet andere Deutungen zulassen zu können, als man gewohnt ist oder gern hätte. Soziale Kompetenz zeigt sich im Mut, die eigene Selbstverständlichkeit, Selbstgewissheit und vielleicht auch Selbstgerechtigkeit durch einen anderen Menschen einschränken zu lassen. Und das Soziale an dieser Form von Kommunikation besteht darin, dass die Differenzen zwischen den Menschen nicht nivelliert, sondern artikuliert werden und gerade dadurch produktiv sein können.

Ist diese Form sozialer Kompetenz, ist dieser vertrauensvolle Umgang miteinander auch erlernbar? Kompetenzen sind als individuelle Fähigkeiten subjektiver Besitz und liegen damit ebenso wie Vertrauen im Bereich der Unwägbarkeit und Kontingenz. Letztlich handelt es sich schlicht um eine Bildungsdimension, jenseits von Manipulation oder Abrichtung. Es ist die Freiwilligkeit, die hierbei zur Bedingung der Möglichkeit wird. Es geht um Subjekte, die sich durch ihre eigene Persönlichkeit auszeichnen und kenntlich machen müssen. Dies erst macht sie handlungsfähig und lässt sie wirksam sein – jenseits von Rollen und Positionen.

# 3. Literatur

BOURDIEU, Pierre:
Ökonomisches Kapital, kulturelles Kapital, soziales Kapital.
In: Soziale Ungleichheiten. Sozialen Welt, Sonderband 2.
Hrsg. KRECKEL, Reinhard.
Göttingen, Schwartz, 1983, S. 183-193.

GERAMANIS, Olaf:
Vertrauen – die Entdeckung einer sozialen Ressource.
Stuttgart, 2002.

LUHMANN, Niklas:
Vertrauen / Ein Mechanismus der Reduktion sozialer Komplexität.
Stuttgart: Lucius und Lucius, 3. Auflage 1989.

Beitrag A4.3

# Entwicklung beruflicher Identität und beruflicher Souveränität bei Auszubildenden in Großindustrie und KMU

– Ein Vergleich von Auswirkungen der Lernumgebungen und Ausbildungsmethoden auf gewerblich-technische Berufsanfänger

Bernd Haasler
Kerstin Meyer

## 1. Forschungsfragen und Untersuchungsdesign

Das Lern- und Arbeitsmilieu der beruflichen Erstausbildung prägt die Auszubildenden höchst unterschiedlich (vgl. GALAIS, MOSER 2001). In der vorliegenden Studie wurde die Entwicklung beruflicher Kompetenz und beruflicher Identität von 130 Auszubildenden des Berufsfeldes Metalltechnik nach Ablauf des ersten Ausbildungsjahres untersucht. Forschungsleitend war dabei die Fragestellung, welchen Einfluss die Umgebungsbedingungen der betrieblichen Ausbildung auf Ansätze der Herausbildung einer beruflichen Souveränität haben. Eine Probandengruppe absolvierte ihre Berufsausbildung in der Großindustrie, die Vergleichsgruppe dagegen wurde in kleinen und mittleren Unternehmen (KMU) ausgebildet. Das Forschungsdesign der vorliegenden Studie entstand im Umfeld einer Hauptuntersuchung beruflicher Entwicklungsverläufe Auszubildender eines großen deutschen Automobilherstellers, die in einer Längsschnittuntersuchung über die Dauer der Erstausbildung begleitet werden (vgl. BREMER, BRETTSCHNEIDER, HAASLER u.a. 2001). Methodisch wurde das Instrument der Evaluationsaufgaben im Sinne nachgestellter modellhafter Entwicklungsaufgaben (vgl. GRUSCHKA 1985) eingesetzt. Die erhobenen Daten wurden anschließend durch das Verfahren der berufswissenschaftlichen Entwicklungshermeneutik interpretiert (vgl. Beitrag BREMER in diesem Band). Im Verlauf ihrer Berufsausbildung werden die Probanden mit vier Evaluationsaufgaben konfrontiert, deren erstmaliger Einsatz nach einem Ausbildungsjahr erfolgte. Die unerwarteten Ergebnisse führten dazu, die erste Evaluationsaufgabe des Ausbildungsberufs "Werkzeugmechaniker" an einer Vergleichsgruppe zu realisieren.

Die hier dargestellte Studie wurde einerseits im Milieu der Großindustrie mit 90 Auszubildenden an zwei westdeutschen Standorten durchgeführt. Das Vergleichsmilieu der KMU wurde andererseits durch die Einbeziehung von 39 Auszubildenden aus 19 Unternehmen unterschiedlicher Branchen aus drei Bundesländern repräsentiert. Die ausgewählten Unternehmen können bezüglich der Branchen als auch für die Betriebsgrößenklassen als repräsentative Auswahl eingestuft werden, die im Geschäftsfeld der Werkzeugmechanik ausbilden.

Das Aufgabendesign konfrontiert die Probanden mit praktisch relevanten Teilaufgaben aus ihrem beruflichen Handlungsfeld. Dabei wird unterstellt, dass diese prototypisch für die domänenspezifischen Anforderungen sind und somit deren Lösungscharakteristik auch auf andere Aufgaben innerhalb der Domäne abstrahiert werden kann (vgl. ROTHE, SCHINDLER 1996). In der ersten Entwicklungsaufgabe sollen in vorliegende Würfelrohlinge aus Leichtmetall (Kantenlänge 30 mm) in Massenfertigung die "Augenzahlen" eines Spielwürfels eingearbeitet werde. In der Bearbeitungszeit von drei Stunden galt es, die Problemstellung theoretisch zu durchdringen, um Lösungsvarianten durch Beschreibungen und Skizzen aufzuzeigen. Zur Unterstützung waren schulübliche Hilfsmittel (z.B. Tabellenbuch, Fachbücher) zugelassen.

## 2. Rahmenbedingungen

In der Großindustrie wurden Auszubildende aus allen Schulformen eingestellt, während in den ausgewählten KMU keine Abiturienten vertreten waren. Der Schwerpunkt der Einstellungspraxis liegt im Bereich des mittleren Niveaus der Schulabschlüsse. Man kann somit nicht von signifikanten Unterschieden der Bildungsabschlüsse der Vergleichsgruppen sprechen.

Die Auszubildenden im großindustriellen Ausbildungsmilieu sind in Gruppen organisiert, die von hauptamtlichen Ausbildungsmeistern betreut werden. Diese "Peer-to-Peer-group" ist auch in den Berufsschulklassen dementsprechend zusammengesetzt. Der Kontakt mit Werkzeugen im Produktionseinsatz beschränkte sich auf oberflächliche Eindrücke einer Betriebserkundung am Ausbildungsbeginn, die Ausbildung findet vorwiegend in Ausbildungswerkstätten und Laboren statt. Schwerpunkt des ersten Ausbildungsjahres bildet der berufsfeldweit eingesetzte Grundlehrgang Metall. Am zu fertigenden Gegenstand – "Multispan" – werden die geforderten Fertigkeiten und Kenntnisse des Ausbildungsrahmenplans realisiert, die auch in Lehrgängen (z.B. Drehen, Fräsen, Schweißen) vermittelt werden.

Die Abläufe der beruflichen Erstausbildung in den 19 KMU sind dagegen stark durch branchen- und betriebsspezifische Einflüsse bestimmt. Die Ausbildung ist vorrangig in den Fach- und Fertigungsbereichen verortet und wird meist von nebenamtlichen Ausbildern und Facharbeitern übernommen.

## 3. Ergebnisse und ihre Interpretation

Die Lösungsvarianten der Probanden beider Vergleichsgruppen lassen sich strukturell fünf eigenständigen Gruppen zuordnen (siehe Abb. 1; vgl. HAASLER 2002). Die Auszubildenden der Großindustrie entzogen sich der Aufgabenstellung deutlich häufiger als die Vergleichsgruppe. Charakteristisch für diese Lösungsvariante ist die Übernahme völlig ungeeigneter Verfahren direkt aus dem Fachbuch, oder das

Ignorieren der Aufgabenstellung, indem sie sie anderen stellten ("beim Fräsen in Auftrag geben"). Die Lösungen der "Ausweicher" und der manuellen und maschinellen "Einzelfertiger" verdeutlichen, dass diesen Probanden der Prozess, mit Werkzeugen industriell Nutzteile zu fertigen, nach einem Jahr Ausbildungsdauer noch völlig verschlossen geblieben ist. Die deutlichsten Unterschiede zwischen den Vergleichsgruppen zeigen sich bei den "Werkzeugbau-Lösungen", deren Bandbreite von einfachen Hilfsvorrichtungen, die die manuelle Einzelfertigung unterstützen, bis hin zu massentauglichen Werkzeugen reicht, die das Einprägen aller "Augenzahlen" in einer Fertigungsstufe erlauben. Besonders hervorzuheben ist, dass nur 9 % der großindustriellen Probanden im Vergleich zu 31 % der KMU-Auszubildenden "Werkzeugbau-Lösungen" generierte.

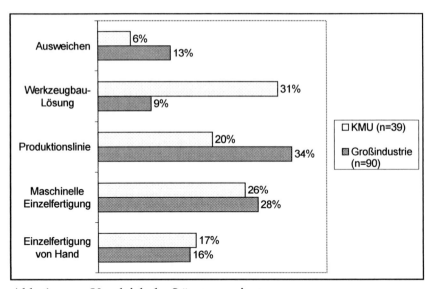

Abb. 1: Vergleich der Lösungsvarianten

Als Fazit verkürzt zusammengefasst, weisen die Untersuchungsergebnisse darauf hin, dass ein gewichtiger Anteil der Auszubildenden aus KMU bereits nach einem Ausbildungsjahr in ihrem angestrebten Beruf Ansätze einer beruflichen Identität als Werkzeugmechaniker herausbilden. Bei der Probandengruppe aus der Großindustrie fällt vor allem auf, dass der überwiegende Teil kaum Ansätze der Herausbildung einer beruflichen Identität entwickelt hat.

Diese unterschiedlichen Entwicklungslinien der Probanden lassen sich vermutlich auf die Lernumgebungen und Ausbildungsmethoden der verschiedenen Unternehmen zurückführen. Die berufsfeldbreite metalltechnische Grundbildung des ersten Ausbildungsjahres – vorwiegend in Lehrwerkstätten und Laboren in Lehrgangsform organisiert - trägt somit wenig zu berufsspezifischen Aufgabenlösungen im Sinne der Facharbeit bei. Eine Untersuchung der weiteren Entwicklung der Auszubildenden über den gesamten Ausbildungsverlauf könnte zeigen, ob sich die Ergebnisse dieser vergleichenden Studie verfestigen oder nur einen Befund des Ausbildungsbeginns darstellen.

# 4. Literatur

BREMER, Rainer; BRETTSCHNEIDER, Volker; HAASLER, Bernd u.a.:
Gemeinsamer Zwischenbericht und 1. Sachbericht des Modellversuchs GAB.
Bremen, 2001.

GALAIS, Nathalie; MOSER, Klaus:
Eintritt in die Arbeitswelt – enttäuschte, erfüllte und übertroffene Erwartungen.
In: Zeitschrift für Arbeitswissenschaft,
Stuttgart, 55(2001)3, S. 179-187.

GRUSCHKA, Andreas:
Wie Schüler Erzieher werden.
Wetzlar: Verlag Büchse der Pandora, 1985.

HAASLER, Bernd:
Erfassung beruflicher Kompetenz und beruflicher Identität - Zwischenergebnisse einer Untersuchung von Auszubildenden im Berufsfeld Metalltechnik in der Automobilindustrie.
Hrsg.: Gesellschaft für Arbeitswissenschaft.
Dortmund: GfA-Press, 2002, Seite 299-303.
(Jahresdokumentation 2002)

ROTHE, Heinz-Jürgen; SCHINDLER, Marion:
Expertise und Wissen.
In: Expertiseforschung.
Hrsg.: GRUBER, Hans; ZIEGLER, Albert.
Opladen: Westdeutscher Verlag, 1996, S. 35-57.

Beitrag A5.1

# Kompetenzentwicklung von Netzwerkakteuren

Andrea Heide
Regina Oertel

## 1. Kompetenzentwicklung im SENEKA-Netzwerk

### 1.1 Hintergrund

Globalisierung und andere Turbulenzen der Märkte stellen Unternehmen und ihre Mitarbeiter vor große Herausforderungen; sie müssen flexibel und schnell auf Veränderungen reagieren. Hierzu bedarf es neuer Konzepte zur Kompetenzentwicklung. Netzwerke zwischen Unternehmen bieten eine Möglichkeit, Mitarbeiter zum Handeln in dieser dynamischen Arbeitsumgebung zu befähigen.
Das Leitprojekt SENEKA[1] zielt vor diesem Hintergrund u.a. darauf ab, die verschiedenen Akteure in lernförderlichen Netzwerk-Strukturen miteinander zu verknüpfen. Die in dem heterogenen SENEKA-Verbund entwickelten Produkte unterstützen insbesondere kleine und mittlere Unternehmen (KMU), die Kompetenzen ihrer Mitarbeiter optimal zu entwickeln und so die Innovations- und Wettbewerbsfähigkeit zu stärken.

## 1.2 Zukünftige Kernkompetenzen

In einer wissenschaftlichen Studie wurden die überfachlichen Kompetenzen, die in der Arbeitswelt der Zukunft unerlässlich sein werden, herausgearbeitet (DASSEN-HOUSEN 2000). Grundlage der Studie ist eine von Experten erstellte Prognose[2] zukünftiger Anforderungen an Mitarbeiter. Folgende Zukunftstrends nehmen eine zentrale Rolle ein:

- Spannungsfeld zwischen Globalisierung und Regionalisierung
- Umlernen als Normalfall
- Bedeutungszuwachs der interkulturellen Zusammenarbeit
- Multi-Jobs
- Dynamisierung der Berufsprofile
- Lernen und Arbeiten im Team sowie
- Integration von Leben, Lernen und Arbeiten.

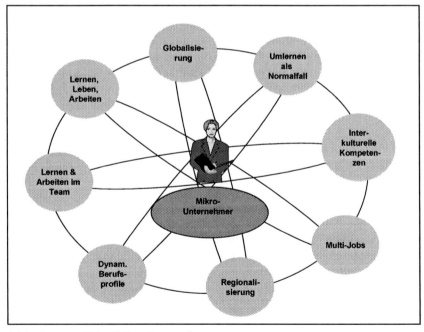

Abb. 1: Die Zukunftstrends
(Quelle: DASSEN-HOUSEN 2000)

Zur Bewältigung dieser Trends sind intrapersonale Fähigkeiten, wie *Kreativität* oder *Lernfähigkeit*, interpersonale Fähigkeiten, wie *Konfliktfähigkeit*, *Führungsqualitäten* oder *Teamfähigkeit* sowie Fähigkeiten mit einer intra- und einer interpersonalen Komponente, wie *Zeit- und Stressmanagement*, *Problemlöseverhalten* oder *Verhalten im multikulturellen Kontext* erforderlich.

Unternehmen und ihre Mitarbeiter können sich durch Kompetenzentwicklung im Netzwerk, z.B. durch die gemeinsame Entwicklung von Qualifizierungsmaßnahmen, auf die Zukunftstrends vorbereiten.

## 2. Praxisbeispiele

### 2.1 Produktionsnaher Prozessbegleiter

In Kooperation dreier Partner aus dem SENEKA-Verbund[3] wurde die Qualifizierung zum produktionsnahen Prozessbegleiter entwickelt. Lehrgangs-Module, wie Moderation, Teamentwicklung und Wissensmanagement vermitteln Facharbeitern zusätzliche, überfachliche Kompetenzen, um Veränderungsprozesse im Unternehmen zu begleiten, nachhaltig zu sichern und weiterzuentwickeln. Die fachbezogenen Komponenten der Qualifikation, wie Arbeitsprozesse und Prozessgestaltung, helfen, das umfangreiche implizite Erfahrungswissen der Produktionsmitarbeiter zu explizieren und damit nutzbar zu machen.

### 2.2 Interkultureller Leitfaden

Durch Globalisierung und Entwicklungen der Kommunikationstechnologie gewinnt das Verhalten im interkulturellen Kontext immer größere Bedeutung. Ein Leitfaden für die Arbeit in multikulturellen Teams[4], basierend auf den Erfahrungen der beteiligten SENEKA-Partner, unterstützt den Erwerb dieser interkulturellen Kompetenz.

Auf Basis konkreter Nachfrage werden derzeit Workshops entwickelt, die auf interkulturelle Arbeit vorbereiten und ein begleitendes Coaching integrieren.

## 2.3 Intercompany SYMA

Das Trainingskonzept "Intercompany SYMA" für Führungskräfte, in Kooperation zweier SENEKA-Partner[5] entwickelt, fördert den unternehmensübergreifenden Austausch von Erfahrungswissen. Die Teilnehmer aus unterschiedlichen Unternehmen und Branchen bearbeiten in einem zeitlich begrenzten Netzwerk gemeinsame Aufgabenstellungen. Diese Netzwerk-Arbeit wird durch Trainingseinheiten ergänzt.

Die Teilnehmer entwickeln ihre Fähigkeit zur Arbeit in heterogenen Netzwerken und können die durch den Wissenstransfer neu gewonnenen Impulse in die Arbeit der Heimatorganisation mit einbeziehen. Die Erfahrungen aus der Umsetzung der gewonnenen Erkenntnisse werden in die Trainingseinheiten rückgeführt.

## 3. Zusammenfassung

Im SENEKA-Verbund werden praxistaugliche Konzepte zur Kompetenzentwicklung geschaffen. Diese Konzepte basieren auf der Zusammenarbeit unterschiedlicher Unternehmen und Forschungseinrichtungen als Netzwerkakteure und werden in marktfähige Produkte umgesetzt.

## 4. Anmerkungen

1 In dem BMBF-Leitprojekt SENEKA (Service-Netzwerk für Aus- und Weiterbildungs- und Innovationsprozesse) erarbeiten 26 nationale und internationale Unternehmen und sechs wissenschaftliche Forschungseinrichtungen in einem branchen-über-

greifenden, interdisziplinären Netzwerk Lösungen zu den Themenfeldern Wissensmanagement, Kompetenzentwicklung und Netzwerkmanagement. Das Gesamtvolumen des Projekts beläuft sich auf ca. 22 Mio. Euro bei einer Laufzeit von Mai 1999 bis April 2004.

2 Ergebnisse des Arbeitskreises "Bildung und Lernprozesse" der BMBF-Initiative "Dienstleistung 2000plus" (ISENHARDT, HENNING, LORSCHEIDER 1999)

3 John Deere Werke Mannheim, Bosch Rexroth und ZLW/IMA

4 Buch und CD, erscheint im Herbst 2002

5 Osto-Systemberatung GmbH und ZLW/IMA; Basis ist das Führungskräfteseminar "Systemisches Management, SYMA" der Osto-Systemberatung GmbH.

# 5. Literatur

BULLINGER, H.-J.:
Dienstleistung 2000plus, Zukunftsreport Dienstleistungen in Deutschland.
Stuttgart, 1998.

DASSEN-HOUSEN, P.:
Responding to the global political-economical challenge:
The learning society exemplified by the working environment.
Aachen: Wissenschaftsverlag Mainz, 2000.
(Aachener Reihe Mensch und Technik, Band 32)

HONECKER, N.; MÜLLER, D.:
Ausbildungskonzept für interne Veränderungsmanager.
In: SENEKA Journal 2000.
Hrsg · Lehrstuhl Informatik im Maschinenbau und Hochschuldidaktisches Zentrum der RWTH Aachen.
Aachen, 2000.

HUNECKE, H.:
Lernen und Wissensmanagement zwischen Organisationen – das "Intercompany Syma".
In: SENEKA Journal 2001.
Hrsg.: Lehrstuhl Informatik im Maschinenbau und Hochschuldidaktisches Zentrum der RWTH Aachen.
Aachen, 2001.

ISENHARDT, I.; HENNING, K.; LORSCHEIDER, B. (Hrsg.):
Dienstleistung lernen – Kompetenzen und Lernprozesse in der Dienstleistungsgesellschaft.
Aachen: Wissenschaftsverlag Mainz, 1999.
(Aachener Reihe Mensch und Technik, Band 30)

PREUSCHOFF, S.:
Interkultureller Leitfaden für die Arbeit in multikulturellen Teams.
In: SENEKA Journal 2000.
Hrsg.: Lehrstuhl Informatik im Maschinenbau und Hochschuldidaktisches Zentrum der RWTH Aachen.
Aachen, 2000.

Beitrag A5.2

# Überfachliche Kompetenzen als Voraussetzung erfolgreicher und gesundheitsgerechter innovativer Berufsarbeit

Wolfgang Quaas
Sonja Schmicker

## 1. Fragestellung

In Verbindung mit neuen Anforderungen in der beruflichen Arbeit – z.B. Innovationsorientierung, verstärkt kooperative Arbeitsformen (Teamarbeit, Netzwerke, Arbeit in Projekten etc.), erweiterte Arbeitsrollen (partizipative Mitwirkung an Veränderungsprozessen, Integration Arbeit und Lernen), Selbständigkeit/Existenzgründungen – werden zwei grundlegende Fragestellungen verfolgt:

- Welche neuen, insbesondere überfachlichen Kompetenzen sind für die effiziente und gesundheitsgerechte Bewältigung der komplexen Arbeitsanforderungen erforderlich?
- Wie können solche Kompetenzen durch unterstützende Qualifizierungen, Wissens- und Erfahrungstransfer, Beratungen und Coaching, Organisationsentwicklung sowie durch Arbeits- und Unternehmenskultur entwickelt werden?

Die so genannten überfachlichen Kompetenzen rücken als Ergänzung zu den Fachkompetenzen immer mehr in den Blickpunkt im Rahmen gemeinsamer und innovativer Bewältigung von Arbeitsaufgaben und als wesentliche Ressource für die Erfüllung von Flexibilitätsanforderungen in der Arbeit und Arbeitsbiografie.

## 2. Konzeptionelle Grundlagen

Grundlage ist ein ganzheitliches Konzept beruflicher Handlungskompetenzen. Kompetenzen befähigen die Kompetenzträger zur Bewältigung von Aufgaben bzw. Problemen auf hohem Niveau. Berufliche Handlungskompetenzen sind ein dynamisches Ensemble emotional-motivationaler (Bereitschaft, "Selbstzuständigkeitserklärung" und Verantwortungsübernahme, Selbstüberzeugung und Kompetenzerleben) und könnensmäßiger (Wissen, Fähigkeiten, Fertigkeiten) Leistungsvoraussetzungen für ein exzellentes Erfüllen von Arbeitsaufgaben und Arbeitsrollen unter Berücksichtigung ihrer Flexibilität und ihres Wandels. Das Konzept der Ganzheitlichkeit beinhaltet mehrere Aspekte:

- Ganzheitlichkeit bezüglich der Wirkungspotenziale: Einheit von Erfolg der Arbeit (Leistung, Produktivität, Innovationsbewältigung, wirtschaftlicher Ertrag) und Humanität (Gesundheit, Arbeitsfreude, Selbstentwicklung und -verwirklichung).

- Ganzheitlichkeit der Dimensionen Wollen (Motivation) – Können (Befähigung) – Dürfen ("Selbstzuständigkeitserklärung") – Selbstüberzeugung (Kompetenzerleben).

- Ganzheitlichkeit und anforderungsorientierte Profilierung der inhaltlichen Komponenten in der Einheit aufgabenbezogener Fachkompetenzen und aufgabenübergreifender – so genannter überfachlicher Kompetenzen (vgl. Abb. 1 – sechs inhaltliche Grundmodule, die in spezieller Ausprägung "passgerecht" zur Anforderungsstruktur der Arbeit zu entwickeln sind; weitere zum Teil zusätzlich benannte Kompetenzen, wie z.B. Kooperations-, Innovations-, Entscheidungskompetenz u.a., sind keine neuen

Kompetenzbereiche, sondern spezifische Ausprägungsprofile bzw. Konfigurationen der Grundmodule).

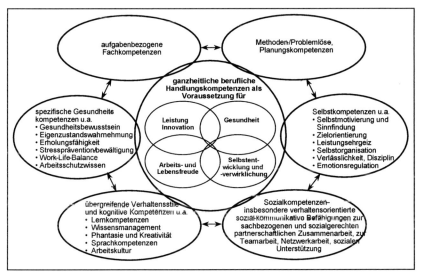

Abb. 1: Ganzheitliche berufliche Kompetenzen (Arbeitskompetenzen) als zentrale Ressource nachhaltiger leistungsorientierter und gesunder Arbeit (individuelle Ebene)

- Ganzheitlichkeit der Bezugsebenen für die Kompetenzausprägung (Individuum – Gruppe – komplexe Organisation inner- oder/und überbetrieblicher Art).
- Verbindung von Kompetenzentwicklung und Kompetenznutzung (damit enger Bezug zur Arbeitsstrukturierung, Organisationsentwicklung, Arbeits- und Organisationskultur, zum Personalmanagement, insbesondere Personalgewinnung, Personalbindung, berufliche Entwicklungswege).
- Berücksichtung der unterschiedlichen möglichen Entwicklungswege (Lernformen) für die berufliche Kompetenzentwicklung.
- Kompetenzentwicklung als permanenter Prozess und dauerhafte Gemeinschaftsaufgabe, was u.a. immer wieder aktuelle Anlässe/Herausforderungen, eine gemeinsam getragene Lern- und

Arbeitskultur sowie nachvollziehbare Vorteile (für die einzelnen Arbeitspersonen, das Unternehmen, das Unternehmens-Netzwerk) voraussetzt.

## 3. Vorgehensweise und Ergebnisse

Im Rahmen der praktischen Erprobung der konzeptionellen Ansätze beschäftigen wir uns derzeit mit der Entwicklung und Ausprägung von überfachlichen Kompetenzen in regionalen Netzwerken (z.b. der Automobilzulieferindustrie: Projekt Innokomp MAHREG Automotive der InnoRegio-Initiative des Bundesministeriums für Bildung und Forschung).

Im Gegensatz zu strategischen Netzwerken zeichnen sich diese Netzwerke durch eine räumliche Agglomeration der dem Netzwerk angehörenden Unternehmen aus. Die Netzwerke sind polyzentrisch organisiert und werden von keiner fokalen Unternehmung geführt. Regionale Netzwerke werden allgemein von Selbstorganisation und Kultur bestimmt: Informelle Kommunikation und Vertrauen spielen eine größere Rolle als formale, genau festgelegte Vorgänge, wie sie z.B. in strategischen Netzwerken durch den strategischen Führer entwickelt werden (vgl. SYDOW 1992, 1996).

Die Entwicklung von überfachlichen Kompetenzen für die Arbeit in regionalen Netzwerken erfordert eine neue Art des Lernens, welche individuelle und organisationale Besonderheiten, persönliche Einstellungen und Wertehaltungen berücksichtigt. Die Kompetenzen bilden sich wesentlich erst in konkreten netzwerksbezogenen Handlungssituationen aus, die u.a. ein produktives Neulernen erfordern (vgl. TELEHAUS WETTER/VEFAR 2001).

Ausgehend von den Dimensionen des Kompetenzbegriffes Wollen-Können-Dürfen und der Ganzheitlichkeit der Bezugsebenen für die Kompetenzausprägung Individuum-Gruppe-Organisation (inner- und überbetrieblich) konzentriert sich unsere Arbeit auf folgende Entwicklungspfade:

- Sensibilisierung und prozessbegleitende Herausarbeitung des individuellen und organisationalen Nutzens der einzelnen Akteure im Netzwerk (u.a. Zeit-, Kompetenz-, Informations-, Flexibilitäts-, Kosten-, Kapazitätsvorteile, Ableitung von Verkaufs-, Investitions- und Managementsynergien) – Abbau technischer und ökonomischer Kooperationsrisiken – Existenz einer latenten Beziehungskonstellation über die permanente Generierung von "Anlässen".
- Ausprägung einer Netzwerkskultur, die vor allem auf Vertrauen, Verantwortung, gemeinsame Werte und Offenheit beruht; dabei geht es im Kernstück zunächst um die Bestimmung von Ablaufprozeduren des Beziehungsmanagements, sprich die Spielregeln bzw. Organisationsformen für die Interaktion (Inhalt, Dauer, Enge und Symmetrie einer Zusammenarbeit): Die Spielregeln sollte man gemeinsam mit allen Beteiligten entwickeln. Wesentliche Spielregeln sind Freiwilligkeit der Mitwirkung, Gleichberechtigung der Partner, Transparenz in der Zusammenarbeit, klare Regeln der Arbeitsteilung und Zusammenarbeit (Wer macht was bis wann?), Regeln zur gemeinsamen Ressourcennutzung und zur Verteilung des ökonomischen Nutzens. Die Schwierigkeit besteht in der Gratwanderung zwischen Überreglementierung und ungenügender Reglementierung. Zu unterscheiden ist zwischen fixen/ elementaren und dynamischen Spielregeln, die ständig anzupassen bzw. neu zu fixieren sind. Die Ausarbeitung gemeinsamer Kooperationsregeln und deren schriftliche Anerkennung über Kooperationsvereinbarungen und/oder über gemeinsam ausgearbeitete Strategiepapiere unterstützt die Nachhaltigkeit und Überwachung der Kooperationsgrundlagen.
- Die Vermittlung sozialer, kommunikativer und methodischer Grundfähigkeiten zur gleichberechtigten Kommunikation, Moderation sowie gruppenorientierten Problemlösung über ein modular aufgebautes Trainingskonzept (vgl. Abb. 2).
- Entwurf, Aufbau und bedarfsorientierte Weiterentwicklung struktureller und informationstechnischer Grundlagen für die Kooperation im Netzwerk (vgl. Abb. 3): Unterstützung des Strukturie-

rungsprozesses durch die Entwicklung sowohl formeller als auch informeller, stabiler und relativ beweglicher Informationsmuster unter Beteiligung aller Akteure.

- Kompetenzsicherung durch strategisches Personalmanagement in Form prozessbegleitender Kompetenzbedarfsanalysen und Kontaktbörsen zur Personalrekrutierung.

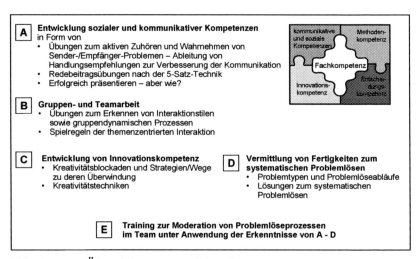

Abb. 2: Übersicht zum Trainingskonzept

# 4. Schlussfolgerungen für künftige Forschungsinitiativen

Die Generierung verallgemeinerbarer und zugleich zielgruppenspezifizierter inhaltlicher, methodischer und organisatorischer Aspekte zur dynamischen Entwicklung ganzheitlicher zukunftsorientierter beruflicher Handlungskompetenzen setzt weitere anwendungsorientierte wissenschaftliche Begleitprojekte in abgestimmter Einheit mit fundierender disziplinärer und interdisziplinärer Forschung voraus.

Wir selbst werden in diesem Rahmen insbesondere folgende Themengebiete verfolgen:

- Entwicklung innovationsförderlicher Unternehmenskulturen in kleinen und mittleren Unternehmen (KMU);
- Entwicklung einer innovativen Arbeitskultur in Unternehmens-Netzwerken;
- Entwicklung von überfachlichen Handlungskompetenzen bei Existenzgründern;
- Entwicklung überfachlicher Kompetenzen in der Ausbildung (speziell im Studium);
- psychologische Unterstützung von Entwurfsprozessen/ Konstruktionstätigkeiten.

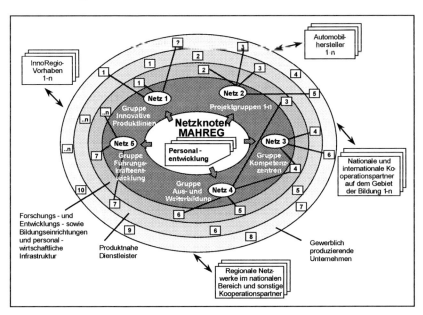

Abb. 3: Konzeptionelle Ansätze zum Kooperationsmodell "Innokomp"

# 5. Literatur

SYDOW, Jörg:
Strategische Netzwerke - Evolution und Organisation.
Wiesbaden: Gabler Verlag, 1996.

SYDOW, Jörg:
Strategische Netzwerke und Transaktionskosten.
In: Managementforschung 2.
Hrsg.: STAEHLE, Wolfgang H.; CONRAD, Peter.
Berlin, New York: de Gruyter, 1992.

TELEHAUS WETTER/VEFAR E.V. MARBURG:
Netzwerkkompetenz. Telehaus Wetter Praxisstudie 2001 im Auftrage des Hessischen Sozialministeriums.
Hrsg.: Telehaus Wetter/Vefar E.V., Marburg.
Internet: http://www.telehaus-wetter.de/dokumente/TELEHAUS WETTER - Netzwerkkompetenz.pdf.
Stand: 14.07.2002.

Beitrag A5.3

# Kompetenzentwicklung im Bereich des sicherheitsgerechten Umganges mit Maschinen und Anlagen

– Vorgehensmodelle für Entwicklung und Einsatz von Streaming Media Solutions im betriebseigenen Intranet

André Bresges
Hans-Günter Burow
Wolfgang Wirtz

## 1. Einleitung

"Streaming Media" ist der Oberbegriff für rundfunkartig via Internet und Intranet abspielbare Video- und Tondateien. Als ein bislang wenig genutzter, aber dennoch sehr gut geeigneter Einsatzbereich für Streaming Media stellt sich die betriebsinterne Kompetenzentwicklung im Bereich der Arbeitssicherheit dar. Informationen zur Arbeitssicherheit haben einen breiten innerbetrieblichen Adressatenkreis, vom verantwortlichen Vorgesetzten oder Ausbilder bis zum Zeitarbeiter oder in den Ferien jobbendem Schüler, der durch das Intranet effizient, zeit- und ortsunabhängig erreicht werden kann. Viele Sicherheitsthemen sind von nachhaltiger Aktualität, sodass sich hier ein entsprechend höherer Aufwand bei der Medienentwicklung rechtfertigen lässt.

## 2. Fragestellung des Forschungs- und Entwicklungsvorhabens

Neben dem Charakteristikum des heterogenen Adressatenkreises stellen Informationsmedien zur Arbeitssicherheit folgende typische Anforderungen an die Medienentwicklung:

- Sicherheitsrelevante Zusammenhänge sind teilweise komplex und umfassen anspruchsvolle naturwissenschaftliche und technische Grundlagen, z.B. der Betrieb und die Beladung von Fahrzeugen.
- Die eigentlichen Gefahren sind in der Regel verdeckt und müssen daher, zusammen mit den Auswirkungen leichtsinnigen Verhaltens, zielgruppengerecht visualisiert werden.

Die derzeit übliche Ausbildung in den Medienberufen bereitet aufgrund des fehlenden allgemein-technologischen Hintergrundes kaum auf solche Anforderungen vor. Kommunikationsprobleme zwischen Medienentwicklern und den Sicherheitsverantwortlichen von Betrieben und Berufsgenossenschaften sind die Folge und erschweren die Medienproduktion zusätzlich. Das Vorhaben erforscht Problemhintergründe und Lösungsansätze und entwickelt und erprobt ein allgemeines Vorgehensmodell, das sich bei der Planung und Entwicklung von Informationsmedien einsetzen lässt und sich zur Ausbildung von Medienentwicklern eignet.

## 3. Vorgefundene Probleme der betrieblichen Arbeitssicherheit

Mit Hilfe von Betriebserkundungen und im Dialog mit Hauptsicherheitsingenieur, Betriebsleiter, Betriebsratsvorsitzendem und einzelnen Mitarbeitern des Industriepartners Pfeifer & Langen wurde eine Reihe existierender Probleme identifiziert:

- Wenig Austausch über Probleme der Arbeitssicherheit zwischen den Arbeitnehmern, insbesondere verschiedener Schichten.
- Verdrängung von ständig wahrgenommenen Gefahren: Während sich logische Einsichten sehr wohl in langfristigen Verhaltensänderungen äußern können, geschieht bei Ängsten über die Verdrängungsreaktion langfristig das Gegenteil.
- Scheinsicherheit durch blindes Vertrauen auf technische Schutzmaßnahmen.
- Unterrepräsentierte Wahrnehmung des Problemkreises bei den Arbeitnehmern, wenn Arbeitssicherheit nicht als ein "Produkt" der Belegschaft empfunden wird.

Es wurde bereits ein Katalog operativer Anforderungen an Medienprodukte entwickelt, aus dem erste Prototypen abgeleitet wurden. Hauptziel ist das Erstellen einer präzisen und sachgerechten Darstellung der Unfallabläufe, Unfallursachen und der möglichen Wege zur Unfallvermeidung. Auf Schockeffekte wird verzichtet, um keine Verdrängungsreaktionen zu provozieren. Mit dem Einsatz computergenerierter grafischer Animationen soll eine besonders präzise Darstellung und der Aufbau der notwendigen "klinischen Distanz" des Betrachters durch die gezielte Abstraktion von den handelnden Personen erreicht werden. Die enge Integration von Mitarbeitern in die Medienproduktion soll zu Produkten führen, mit denen sich die Mitarbeiter genau so identifizieren können wie mit anderen Produkten ihrer Arbeit.

## 4. Begleitforschung zur Wirksamkeitsabschätzung

Empirische Studien über die Zusammenhänge zwischen Informationskampagnen und der Unfallhäufigkeit in Betrieben bleiben aufgrund der komplexen Wirkzusammenhänge und der zum Glück geringer werdenden Fallzahlen schwierig. Über Interviews und Fragebögen sind vor allem die durch den Medieneinsatz in der Belegschaft erzeugten Änderungen der Gefahrenwahrnehmung und des Gefahrenbewusstseins erfassbar. Hierbei soll insbesondere der Langzeiteffekt des Medieneinsatzes geprüft und damit eine Empfehlung über Häufigkeit, Dauer und Wiederholungsfrequenz von Informationskampagnen abgeleitet werden.

Abb. 1: Computervisualisierte Verletzung an einer Verpackungsmaschine, ausgelöst durch das Unterbrechen einer (in der Realität unsichtbaren) Lichtschranke

# 5. Literatur

ASiG:
Gesetz über Betriebsärzte, Sicherheitsingenieure und andere Fachkräfte für Arbeitssicherheit vom 12. Dezember 1973, zuletzt geändert durch Artikel 10 des Gesetzes vom 25. September 1996. (BGBl. I, S. 1476)

SILLER, E.; SCHLIEPHACKE, J.:
Führungsaufgabe Arbeitssicherheit: ein Handbuch für Führungskräfte. Köln: Greven Verlag, 3. Auflage 1994.

Sektion B

# Arbeitsprozesswissen

Beitrag B1.1

# Prozesskompetenz: Trendqualifikation für die berufliche Bildung?!

Rita Meyer

## 1. Paradigma der Prozessorientierung

Für den Bereich der Aus- und Weiterbildung deutet sich mit der Forderung nach einer Orientierung beruflicher Lehr- und Lernprozesse an Geschäfts- und Arbeitsprozessen die Herausbildung eines neuen Paradigmas an. Es ist naheliegend zu vermuten, dass im Zuge einer zunehmenden Prozessorientierung in betrieblichen Arbeitsstrukturen spezifische "Prozesskompetenzen" als Teil beruflicher und betrieblicher Handlungskompetenzen von Arbeitnehmern erwartet werden. Zu klären ist jedoch, was sich dahinter verbirgt, zumal eine fachsystematische Zuordnung dieser Kategorie nicht ohne Weiteres möglich ist. Aus berufs- und arbeitspädagogischer Perspektive stellt sich hinsichtlich der didaktischen Gestaltung von Lehr- und Lernprozessen die Frage, inwieweit "Prozesskompetenz" für die Gestaltung beruflicher Curricula fruchtbar gemacht werden kann.

Festzustellen ist, dass der Begriff "Prozessorientierung" in aktuell geführten Diskussionen um eine Modernisierung von Aus- und Weiterbildung vor allem im Hinblick auf die Orientierung an den realen betrieblichen Geschäfts- und Arbeitsabläufen verwandt und meist nicht näher definiert wird. Mit dieser deutlich ökonomischen Orientierung und engen Bindung an betriebliche Verwertungsinteressen ist eine Verkürzung im Verständnis von Prozessorientierung zu verzeichnen. Explizit pädagogische Aspekte, u.a. die Frage, was diese Entwicklung für die Subjekte hinsichtlich ihrer individuellen Kompetenzentwicklung bedeutet, werden meist ausgeklammert.

## 2. Arbeitsprozesswissen versus Prozesskompetenz

Anzumerken ist, dass die Orientierung der beruflichen Bildung an Arbeitsprozessen in der Vergangenheit nicht in erster Linie an ökonomischen Interessen ausgerichtet war. So hat der Begriff des "Arbeitsprozesswissens" auch eine soziale und politische Dimension und beinhaltet weit mehr als lediglich eine Orientierung der Facharbeiterbildung am Geschäfts- und Arbeitsprozess. KRUSE (2001) verweist aus heutiger Sicht auf drei wesentliche Elemente, die durch Arbeitsprozesswissen erfüllt werden sollten und die eher subjekt- als betriebsorientiert waren: Erstens sollten durch Funktionalität und die angemessene Abbildung komplexer Arbeitsprozesse die Beschäftigungsmöglichkeiten von Facharbeitern erhöht werden. Zweitens sollten die Facharbeiter die Arbeitsprozesse maßgeblich mitgestalten können und drittens hatte Arbeitsprozesswissen die Funktion, eine Gegenmacht zur Dominanz des Managements zu bilden.

Heute ist dagegen auch in der disziplinären Thematisierung mit der didaktisch-methodischen Ausrichtung an Geschäfts- und Arbeitsprozessen eine (Selbst-)Beschränkung zu verzeichnen, die das Komplexitätspotenzial von Prozessorientierung als Orientierungsrahmen für die berufliche Bildung nicht ausschöpft. So weist KRUSE (2001, S. 49) selbst darauf hin, das die "berufspädagogische Wendung des Arbeitsprozesskonzeptes auch eine Vereinseitigung und Verkürzung" darstellt.

Arbeitsprozesswissen ist per Definition eng an den konkreten Unternehmensabläufen der betrieblichen Arbeitsorganisation orientiert (vgl. FISCHER 2000). Prozesskompetenz hingegen beschreibt eher allgemeine, eng an die Persönlichkeit gebundene Qualitäten, die auf Steuerung, Gestaltung, Strukturbildung, Problembearbeitung und Konfliktlösung gerichtet sind. Als solche sind sie nur ausgehend von der Person zu definieren.

## 3. Folgerungen für berufliche Curricula

Hinsichtlich der Gestaltung beruflicher Curricula ist in diesem Zusammenhang auch nach der spezifischen Struktur des Wissens, vor allem desjenigen Wissens, das durch jahrelange Berufserfahrung erworben wurde, zu fragen. Dabei ist auch das Verhältnis von konkretem Fachwissen zu eher abstrakten Kompetenzen zu thematisieren. Da Prozessorientierung im Kontext der industriellen Betriebsorganisation das Gegenteil von berufsbezogenen, institutionalisierten Formen der Arbeitsorganisation meint, ist davon auszugehen, dass mit diesem zunehmend querfunktionalen Organisationsprinzip auch eine tendenzielle Loslösung vom Fachprinzip verbunden ist.

Die Berufs- und Arbeitspädagogik steht als erziehungswissenschaftliche Disziplin in der Verantwortung, die Diskussion um Prozessorientierung auch um bildungs- und lerntheoretische sowie lernpsychologische Aspekte anzureichern. In praktischer Hinsicht geht es darum, im Rahmen der Gestaltung lernförderlicher Arbeitsbedingungen individuelle kognitive und intuitive Lernprozesse zu unterstützen. Theoretisch wäre eine nähere Bestimmung des Verhältnisses von organisiertem zu selbstorganisiertem Lernen sowie von formellem zu informellem Lernen hilfreich. Zu klären ist in diesem Zusammenhang auch, inwieweit individuelle, auf die eigenen psychischen Bestände, Motivations- und Handlungsstrukturen gerichtete Prozesskompetenzen dazu beitragen, Auszubildende und Arbeitnehmer in die Lage zu versetzen, die Herausforderungen eines permanenten Wandels der Arbeits- und Qualifikationsanforderungen zu meistern.

# 4. Literatur

BAETHGE, Martin; SCHIERSMANN, Christine:
Prozessorientierte Weiterbildung. Perspektiven und Probleme eines neuen Paradigmas der Kompetenzentwicklung für die Arbeitswelt der Zukunft.
In: Kompetenzentwicklung 98.
Hrsg.: Arbeitsgemeinschaft Qualifikations-Entwicklungs-Management.
Münster, New York: Waxmann, 1998, S. 15-87.

FISCHER, Martin:
Arbeitsprozesswissen von Facharbeitern - Umrisse einer forschungsleitenden Fragestellung.
In: Berufliches Arbeitsprozesswissen – Ein Forschungsgegenstand der Berufsfeldwissenschaft.
Hrsg.: PAHL, Jörg-Peter, RAUER, Felix; SPÖTTL, Georg.
Baden-Baden: Nomos Verlagsgesellschaft, 2000, S. 31-47.

KRUSE, Wilfried:
Arbeitsprozesswissen – Entstehungsgeschichte und Aktualität eines Konzeptes.
In: Prozesskompetente Facharbeit ein neues Leitbild für Neuordnung und Lernkonzepte?
Dokumentation eines Workshops der IG Metall und der Sozialforschungsstelle Dortmund am 05.07.2001 in Frankfurt/M.
Hrsg.: IG Metall.
Dortmund: 2001, S. 49-52.

MAYRSHOFER, Daniela; KRÖGER, Hubertus A.:
Prozesskompetenz in der Projektarbeit.
Hamburg: Windmühle, 1999.

ROHS, Mathias (Hrsg.):
Arbeitsprozessintegriertes Lernen. Neue Ansätze für die berufliche Bildung.
Münster, New York: Waxmann, 2002.

SIMONS, P. Robert Jan:
Lernen, selbständig zu lernen – ein Rahmenmodell.
In: Lern- und Denkstrategien. Analyse und Intervention.
Hrsg.: MANDL, Heinz; FRIEDRICH, Helmut F.
Göttingen: Hogrefe, 1992, S. 251-264.

Beitrag B1.2

# Kollaborativer Erfahrungsaustausch als Instrument der Kompetenzentwicklung bei verteilter Arbeit in industriellen Innovationsprozessen

Hartmut Schulze
Siegmar Haasis
Helmuth Rose

## 1. Das Verbundprojekt NAKIF

Ende 2000 hat ein größerer Forschungsverbund von Industriefirmen und wissenschaftlichen Instituten seine Arbeit aufgenommen. Der Verbund unter der Koordination der Universität Augsburg (Prof. Dr. Fritz Böhle) wird vom Bundesministerium für Bildung und Forschung im Rahmenkonzept "Forschung für die Produktion von morgen" gefördert. Ziel des Forschungsprojektes ist es, "Neue Anforderungen an Kompetenzen erfahrungsgeleiteten Arbeitens und selbstgesteuerten Lernens bei industriellen Fachkräften" (NAKIF) zu ermitteln und daraus Gestaltungsmaßnahmen zur Förderung dieser Kompetenzen abzuleiten.

Der Forschungsverbund gliedert sich in vier Projektschwerpunkte. Die Untersuchung von Kompetenzen bei verteilter, grenzüberschreitender Arbeit und deren Förderung ist Kernaufgabe im Schwerpunkt NAKIFvarb. Die Partner in NAKIFvarb (Liebherr Aerospace GmbH, Zeuna Stärker GmbH & Co. KG, DaimlerChrysler AG) verstehen unter der verteilten Arbeit die "zusammenhängende, grenzüberschreitende Abfolge von Arbeitsschritten unterschiedlicher Akteure zur Realisierung eines Ergebnisses". In dem Teilprojekt, das wissenschaftlich durch das Institut für Sozialwissenschaftliche Forschung e.V. in München begleitet wird, werden zwei Anwendungsfelder betrachtet:

- die Steuerung von verteilt und interkulturell zusammengesetzten Projektteams zur Bearbeitung von Produktionsaufträgen und
- die Erarbeitung und Umsetzung von Innovationen auf Basis neuer Technologien für den Produktherstellungsprozess durch verteilt zusammenarbeitende Innovationsakteure.

In diesem Beitrag wird nachfolgend das Anwendungsfeld der verteilten Prozessinnovation vertieft.

## 2. Industrielle Prozessinnovation als Produkt verteilter Arbeit

Die aktuellen Marktanforderungen im Automobilsektor nach innovativen und kundenbezogenen Produkten mit schnellen Einführungszyklen bei gleichzeitig hoher Qualität und Verfügbarkeit haben zu einem beständigen Anpassungs- und Veränderungsdruck für den Produktentstehungsprozess geführt. Vor dem Hintergrund immer komplexerer und durchgängigerer Systeme der Informationstechnologie (IT) stellt sich die wettbewerbsrelevante Frage, wie die Entwicklungs- und Produktionsprozesse möglichst nachhaltig optimiert werden können.

Die Auswahl, die exakte Anpassung bzw. die anwendungsorientierte Weiterentwicklung marktgängiger Softwaresysteme sowie deren reibungslose Einführung werden dabei vermehrt von verschiedenen Akteuren in verteilter Zusammenarbeit vorgenommen. Bei DaimlerChrysler sind hier beispielsweise IT-Spezialisten aus Querschnitts- wie auch aus Forschungsbereichen sowie externe Unternehmensberater und Partner von IT-Herstellern und wissenschaftlichen Instituten beteiligt. Immer stärker hat sich auch die möglichst frühzeitige Beteiligung von Endanwendern aus den Prozessketten als ein Erfolgsfaktor für die erfolgreiche Einführung und Anwendung der neuen Technologien herausgestellt. In den DaimlerChrysler-internen IT-Entwicklungs- und Einführungsprojekten hat sich wiederholt gezeigt, dass die unterschiedlichen mentalen Modelle, Handlungsorientierungen und Erfahrungshintergründe der verschiedenen Innovationsakteure eine interdisziplinäre Zusammenarbeit im verteilten Kontext erschweren können (siehe Abb. 1).

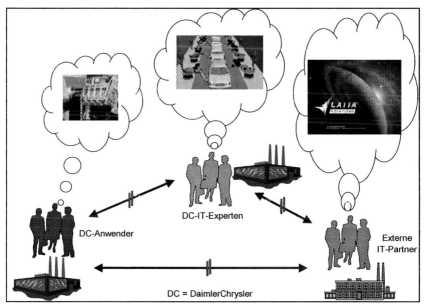

Abb. 1: Erfahrungshintergründe als Verständigungsbarrieren

Als ein Instrument für die Innovationsgenese und -migration im verteilten Kontext entwickelt DaimlerChrysler die "szenario-basierte Innovationsmethode für Engineering-Prozesse". Mit Hilfe von Engineering-Prozessszenarien können auf Basis der Möglichkeiten neuer Technologien zukünftige Prozessoptionen z.B. in Form von Rollenspielen simuliert werden.

117

## 3. Kompetenzprofil und Rahmenbedingungen

Im Rahmen der Projektarbeiten sind bei DaimlerChrysler mittlerweile mehrere visionäre Prozess-Szenarien aufgebaut worden. Hierzu wurden Eingangsanalysen zu den Kompetenzprofilen, der Methodik und den organisatorischen Rahmenbedingungen in Form offener Interviews mit den Innovationsakteuren durchgeführt. Nachfolgend sind erste Ergebnisse thesenartig zusammengefasst:

- Für die verteilte Innovationsentwicklung kommt es vor allem darauf an, eine für alle zugängliche Verständigungs- und Experimentierebene zu schaffen. Diese Plattform sollte es den Akteuren ermöglichen, gemeinsam neue visionäre Lösungen zur Produktentstehung zu entwickeln und prospektiv zu "erleben" und zu "erfahren".

- Zu den notwendigen Fähigkeiten zählen u.a. grundlegende Fachkenntnisse und Erfahrungswissen aus einem Aufgabenfeld einer Prozesskette ebenso wie Elementarkenntnisse über verschiedene Technologien. Ferner gehört hierzu die Phantasie, sich zukünftige Arbeitsschritte und Zusammenhänge vorstellen zu können und die mentale Flexibilität zur Übertragung von angeeignetem Erfahrungswissen beim Experimentieren mit Varianten, weiterhin die Präsentations-, Überzeugungs- und Durchsetzungskraft bei der Entwicklung und dem Transfer neuer Lösungen.

- Zu den notwendigen Bereitschaften zählen u.a. die Übernahme von Verantwortung (für Kosten, Termineinhaltung, Qualität), die Weitergabe von Know-how sowie das Sich-Einlassen auf gemeinsame, unbekannte Erfahrungsräume mit anderen.

- Weiterhin ist die organisatorische Absicherung der frühzeitigen Beteiligung von Endanwendern schon bei der Entwicklung neuer Konzepte und dem Aufbau einer Vertrauensbeziehung (Arbeitskultur) zwischen Innovationspromotoren und –anwendern notwendig.

# 4. Literatur

BÖHLE, Fritz:
Neue Anforderungen an Kompetenzen erfahrungsgeleiteten Arbeitens und selbstgesteuerten Lernens bei industriellen Fachkräften (NAKIF).
In: Karlsruher Arbeitsgespräche 2002, Projektträgerschaft Produktion und Fertigungstechnologien.
Hrsg.: Forschungszentrum Karlsruhe.
Karlsruhe, März 2002.
(Forschung für die Produktion von morgen, FZKA-PFT 210)

SCHULZE, Hartmut; GROLL, Marco; HAASIS, Siegmar; SCHMID, Michael; ROSE, Helmuth:
Neue Kompetenzen, organisatorische Rahmenbedingungen und Instrumente zur emergenten Förderung von Prozessinnovationen.
In: Arbeitswissenschaft im Zeichen gesellschaftlicher Vielfalt.
Hrsg.: Gesellschaft für Arbeitswissenschaft.
Dortmund: GfA-Press, 2002, S. 39-42.
(Jahresdokumentation 2002)

Beitrag B2.1

# Analyse und Validierung von Beruflichen Arbeitsaufgaben

Michael Kleiner

## 1. Anlage und Zielsetzung

Im Rahmen des Modellversuches "Geschäfts- und arbeitsprozessbezogene, dual-kooperative Ausbildung in ausgewählten Industrieberufen mit optionaler Fachhochschulreife" (GAB) wurden für den Beruf des Industriemechanikers Experten-Facharbeiter-Workshops durchgeführt (vgl. BREMER 2000). Diese hatten zum Ziel, anhand von Beruflichen Arbeitsaufgaben (vgl. die Liste in NIBIS 2002) die Facharbeit in ihren Anforderungen und Inhalten zu beschreiben (vgl. KLEINER 2001). Da die Anzahl der durchgeführten Experten-Facharbeiter-Workshops innerhalb eines Modellversuches begrenzt sein muss, ist eine Überprüfung der Ergebnisse hinsichtlich ihrer Vollständigkeit und Übertragbarkeit auf andere Betriebe, Branchen und Regionen notwendig. Dies gilt insbesondere dann, wenn die Beruflichen Arbeitsaufgaben im Sinne von beruflichen Handlungsfeldern zum Ausgangspunkt für die Entwicklung allgemeingültiger Curricula bzw. von Berufsbildungsplänen gemacht werden sollen (vgl. RAUNER 2001).

Ziel der externen Validierung ist also die Überprüfung der Beruflichen Arbeitsaufgaben außerhalb des betrieblichen Kontextes, in dem die Experten-Facharbeiter-Workshops durchgeführt worden sind. Somit soll ein möglicher Einfluss der betriebs- oder branchenspezifischen Besonderheiten auf die Beschreibung der Facharbeit aufgedeckt und gegebenenfalls korrigiert werden. Aus diesem Grund sollten die Teilnehmer der externen Validierung fundierte Kenntnisse über den untersuchten Beruf in Betrieben unterschiedlicher Größe sowie aus verschiedenen Branchen und Regionen besitzen.

Grundlage der Validierung ist eine Kurzform der Erläuterungen zu den Beruflichen Arbeitsaufgaben sowie deren Inhalten und Anforderungen. Diese Erläuterungen beschreiben die Beruflichen Arbeitsaufgaben mit ihren Gegenständen, Werkzeugen und Methoden als vollständige Handlung. Die Experten beurteilen die Beruflichen Arbeitsaufgaben schließlich anhand der folgenden drei Items, die eine skalierte Antwort zulassen (siehe Tab. 1):

- *Häufigkeit:* Wie oft wird die Arbeitsaufgabe ausgeführt?
- *Bedeutung:* Welche Bedeutung hat die Aufgabe für den Beruf?
- *Schwierigkeit:* Welchen Schwierigkeitsgrad besitzt die Aufgabe?

| Berufliche Arbeitsaufgabe | Häufigkeit | | Bedeutung | | Schwierigkeit |
|---|---|---|---|---|---|
| | Wertung (1 – 10) | Entwicklung (↑ O ↓) | Wertung (1 – 10) | Entwicklung (↑ O ↓) | Wertung (1 – 4) |
| 1. Berufliche Arbeitsaufgabe | | | | | |
| 2. Berufliche Arbeitsaufgabe | | | | | |
| 3. Berufliche Arbeitsaufgabe | | | | | |
| 4. ... | | | | | |

Tab. 1: Fragebogen zur Validierung der Beruflichen Arbeitsaufgaben

Bei den Items "Bedeutung" und "Häufigkeit" wird zusätzlich eine Einschätzung der zukünftigen Entwicklung ermittelt, d.h. ob die Bedeutung bzw. die Häufigkeit der Beruflichen Arbeitsaufgabe in der nächsten Zeit eher steigt (↑) oder fällt (↓). Ergänzt wird die Validierung der Beruflichen Arbeitsaufgaben um einen Fragebogen, der allgemeine Daten zum Unternehmen und dem jeweiligen Experten erhebt. Diese Angaben sind notwendig, um den Nachweis zu erbringen, dass ein Querschnitt der Betriebe und Branchen an der Validierung beteiligt worden sind, die den untersuchten Beruf ausbilden.

## 2. Bedeutung und Häufigkeit der Beruflichen Arbeitsaufgaben

Die Items "Bedeutung" und "Häufigkeit" stehen im Mittelpunkt der Validierung der Beruflichen Arbeitsaufgaben. Mit dem Item "Bedeutung" wird die Relevanz der jeweiligen Aufgabe für den Beruf des Industriemechanikers untersucht. Die Häufigkeit des Auftretens einer Beruflichen Arbeitsaufgabe wird durch das zweite Item erfasst. Beide Items sind zunächst voneinander unabhängig. Für die Definition des Kernbereiches eines Berufes müssen die Items "Bedeutung" und "Häufigkeit" jedoch gemeinsam betrachtet werden. Hierbei wird von der These ausgegangen, dass der Kernbereich eines Berufes durch die Beruflichen Arbeitsaufgaben bestimmt wird, die sowohl eine hohe Bedeutung für den Beruf besitzen als auch häufig ausgeführt werden. Berufliche Arbeitsaufgaben, die diese Bedingungen erfüllen, beschreiben schließlich den Beruf unabhängig von einem einzelnen Unternehmen oder einer abgegrenzten Branche und besitzen eine hohe Relevanz für die Ausbildung.

Neben dem Kernbereich kann bei der Validierung auch ein Übergangsbereich bestimmt werden, der Berufliche Arbeitsaufgaben enthält, die für die jeweilige Region oder Branche mit spezifischen Inhalten ausgestaltet werden und somit einen exemplarischen Charakter für das Berufsbild besitzen. Diese Aufgaben haben insgesamt eine geringere Bedeutung für den Beruf und werden im Durchschnitt seltener ausgeführt. Dennoch zählen auch die Arbeitsaufgaben des Übergangsbereiches zum Berufsbild des Industriemechanikers und müssen bei der Gestaltung der Ausbildung berücksichtigt werden.

Berufliche Arbeitsaufgaben, die weder dem Kern- noch dem Übergangsbereich zugeordnet werden, weisen eine hohe Betriebsspezifik auf und müssen daher nicht in ein allgemeingültiges Berufsbild aufgenommen werden. Diese Aufgaben haben schließlich in der Gesamtheit der Einschätzungen der beteiligten Experten eine sehr geringe Bedeutung für den untersuchten Beruf und werden zudem nur in großen Zeitabständen ausgeführt. Auch wenn diese Arbeitsaufgaben nicht in ein Curriculum für den Beruf des Industriemechanikers aufgenommen werden, können sie zum Gegenstand der betrieblichen Ausbildung gemacht werden.

## 3. Hinweise zu zusätzlichen Beruflichen Arbeitsaufgaben

Die Auswertung des Validierungsverfahrens kann zu Veränderungen der Liste der Beruflichen Arbeitsaufgaben führen. Berufliche Arbeitsaufgaben, die sich eindeutig auf einen bestimmten Betrieb oder nur auf eine besondere Branche beziehen, werden nicht in die allgemeine Beschreibung des Berufsbildes übernommen. Wenn von den Teilnehmern der externen Validierung zusätzliche Arbeitsaufgaben genannt werden, die in den Kernbereich gehören, dann müssen diese in die Berufsbeschreibung mit aufgenommen werden.

Um die Relevanz der Hinweise der Teilnehmer für die Facharbeit der Industriemechanik überprüfen zu können, müssen die zusätzlich genannten Arbeitsaufgaben ebenfalls validiert werden. Daher wurde die Validierung ab dem 24. Datensatz um eine fünfzehnte Aufgabe mit dem Titel "Montage von technischen Systemen" ergänzt. Diese Berufliche Arbeitsaufgabe ist somit nicht das Ergebnis der durchgeführten Experten-Facharbeiter-Workshops, sondern wurde auf der Grundlage der Ergebnisse der Validierung konstruiert.

## 4. Zusammenfassung

Die in dem Konzept der Experten-Facharbeiter-Workshops enthaltenen Phasen der Dekontextualisierung von individuellen Beispielen der beruflichen Facharbeit hin zu Beruflichen Arbeitsaufgaben, die typisch und charakteristisch für den untersuchten Beruf sind, führen zu einer personen- und betriebsunabhängigen Beschreibung der Facharbeit. Um den Beruf zudem branchenübergreifend und für verschiedene Fachrichtungen abzubilden, sollten die Beruflichen Arbeitsaufgaben in unterschiedlichen Unternehmen erfasst oder mit dem vorgestellten Instrumentarium validiert werden.

Die Bewertung der Beruflichen Arbeitsaufgaben anhand der Items "Bedeutung" und "Häufigkeit" zeigen deutlich, dass die in den Experten-Facharbeiter-Workshops identifizierten und beschriebenen Beruflichen Arbeitsaufgaben im Wesentlichen ein allgemeingültiges Berufsbild des Industriemechanikers wiedergeben, das als Ausgangspunkt für die Curriculumentwicklung genutzt werden kann (vgl. RAUNER 2001). Da die Experten-Facharbeiter-Workshops mit Industriemechanikern durchgeführt worden sind, die in einem Unternehmen der industriellen Serienfertigung beschäftigt sind, fehlt eine Berufliche Arbeitsaufgabe, die die Montage von Baugruppen zu technischen Systemen beinhaltet, wie sie vor allem im mittelständischen Maschinen- und Anlagenbau vorkommen. Die Validierung der Beruflichen Arbeitsaufgaben kann somit einen wertvollen Beitrag bei der abschließenden Formulierung des Berufsbildes leisten.

## 5. Literatur

BREMER, Rainer; JAGJA, Hans-Herbert (Hrsg.):
    Berufsbildung in Geschäfts- und Arbeitsprozessen.
    Bremen: Donat Verlag, 2000.

KLEINER, Michael:
Berufliche Arbeitsaufgaben als Ausgangspunkt zur Gestaltung von Curricula im Berufsfeld der Industriemechanik.
In: Arbeitsgestaltung, Flexibilisierung, Kompetenzentwicklung.
Hrsg.: Gesellschaft für Arbeitswissenschaft.
Dortmund: GfA-Press, 2001, S. 443-446.
(Jahresdokumentation 2001)

NIBIS – Niedersächsischer Bildungsserver:
BLK-Modellversuch: Geschäfts- und arbeitsprozessbezogene, dual-kooperative Ausbildung in ausgewählten Industrieberufen mit optionaler Fachhochschulreife (GAB). Anhang C1a, Berufliche Arbeitsaufgaben.
Internet: http://nibis.ni.schule.de/haus/projekte/projekte.html.
Stand: 18.07.2002.

RAUNER, Felix; KLEINER, Michael; MEYER, Kerstin:
Berufsbildungsplan für den Industriemechaniker.
Bremen: Uni, 2001.
(ITB-Arbeitspapiere Nr. 31)

Beitrag B2.2

# Entwicklung von Handlungskompetenz durch situationsbezogene Lernaufgaben in der Meisterbildung

– Die Problematik induktiv gewonnener Handlungsschemata im Rahmen offener Lernprozesse – Ausgangsüberlegungen und ein erster Lösungsansatz

Stefan Fletcher

## 1. Ausgangssituation

Arbeitsprozessorientierung und Handlungsorientierung sind die Schlüsselbegriffe, die die aktuelle didaktische Diskussion im Bereich der beruflichen Bildung prägen. Zielsetzung dieser didaktischen Konzepte ist es, Lernprozesse möglichst nah an den praktischen Problemstellungen der Arbeitswelt zu orientieren und Handlungs- und Problemlösekompetenzen zu vermitteln.

Dies trifft auch auf die neu geordnete Ausbildung zum Industriemeister Metall zu. Hier erfolgt im Kern eine Qualifizierung über situationsbezogene Lernaufgaben. Diese situationsspezifischen Lernaufgaben sollen praxisnah, komplex und ganzheitlich gestaltet sein, alle Elemente einer vollständigen Arbeitshandlung umfassen und den Teilnehmern möglichst große Handlungsspielräume eröffnen (vgl. WORTMANN 2000). Solche offenen Aufgabenstellungen, die auf Problemstellungen der Industriemeisterpraxis basieren, sind in der

Regel vielschichtig und lassen sowohl unterschiedliche Vorgehensweisen als auch unterschiedliche Lösungen zu.

## 2. Problemstellung

Lernprozesse, die auf solchen offenen Problemstellungen der Arbeitspraxis basieren, sind aus erkenntnistheoretischer Sicht immer induktiv angelegt. Dies birgt jedoch eine Problematik in sich, der bisher zu wenig Beachtung geschenkt wurde. Dazu sind einige einführende Bemerkungen zum Induktionsbegriff notwendig. Der Begriff der Induktion wird innerhalb der Logik, Erkenntnistheorie und Didaktik in jeweils unterschiedlichen Auslegungen verwandt. In seiner allgemeinsten Form wird unter Induktion der Schluss vom Speziellen auf das Allgemeine verstanden. In der Logik wird diese Aussage präzisiert als der Schluss von einem Fall und einem Ergebnis auf eine Regel (vgl. PEIRCE 1931).

Das in diesem Zusammenhang häufig verwandte klassische Beispiel mit den weißen Bohnen wird im Folgenden kurz zur Verdeutlichung aufgegriffen. "Diese Bohnen sind aus dem Beutel; diese Bohnen sind weiß, folglich sind alle Bohnen aus diesem Beutel weiß". Der Schluss ist aus Sicht der formalen Logik nicht allgemein gültig. Er gilt nur mit einer nicht näher bestimmbaren Wahrscheinlichkeit, die allerdings nicht quantifizierbar ist, wenn die Anzahl der Bohnen im Beutel nicht bekannt ist.

Es stellt sich nun die Frage, welche Bedeutung diese Aussage für das Lernen mit arbeitsprozessorientierten Lernaufgaben hat und worin hier die spezielle Problematik aus didaktischer Sicht besteht. Ein Lernprozess auf Basis situativer Problemstellungen aus der Praxis ist vom Prinzip immer induktiv angelegt, da er von konkreten Problemen der Praxis ausgeht und zu allgemeinen Lösungsmethoden führt. Bezieht man die drei Elemente der logischen Schlussfolgerung auf eine solche Lernsituation, so zeigt sich folgendes Bild: Der Fall ist hier die zu bearbeitende Problemstellung aus der Praxis, das Ergebnis ist der von den Teilnehmern gefundene Lösungsweg und die allgemeine

Regel ist das im Zusammenhang der Lösung gewonnene Handlungsschema. Hierbei ist zu bedenken, dass, sofern die gewonnenen Handlungsschemata nur dazu geeignet sind, das konkrete Problem zu lösen und diese keinerlei heuristischen Verallgemeinerungswert besitzen, aus didaktischer Sicht kein Wissenszugewinn erfolgt, sondern nur ein singuläres Problem gelöst wird. Folglich ist für den Lernprozess dabei von größter Bedeutung, dass allgemein gültige und universelle Handlungsschemata erlernt werden, die über das Lösen der konkreten Aufgabe hinaus die Teilnehmer befähigen, ähnlich strukturierte Aufgaben und Probleme zu lösen. Die Aneignung deklarativer Wissenselemente (Faktenwissen), die natürlich auch im Zusammenhang der Problemlösung stattfindet, wird hier nicht näher betrachtet.

Entsprechend den Erkenntnissen der Logik führt erst der schlussfolgernde Schritt der Verallgemeinerung zu einem Wissenszuwachs. Die Logik besagt aber, dass die Verallgemeinerung a priori nicht zulässig ist und nur mit nicht näher zu bestimmender Wahrscheinlichkeit zu einer wahren Aussage führt. In Bezug auf induktive Lernprozesse besteht dementsprechend die grundsätzliche Gefahr, dass die in den Lern- und Erarbeitungsphasen gewonnenen Handlungsschemata nicht zu verallgemeinern sind, sondern nur in Bezug auf die konkrete Aufgabenstellung und deren Interpretation durch die Teilnehmer und Dozenten sinnvoll sind.

Hierin besteht eine bisher ungelöste Kernproblematik von Lernsituationen, die ihren Ausgangspunkt in exemplarischen Problemstellungen der Praxis haben. Da insbesondere durch die arbeitsprozessorientierte Ausrichtung neuer Ansätze der beruflichen Qualifizierung Problemlösungswissen gezielt gefördert werden soll und zum Aufbau einer beruflichen Handlungskompetenz unverzichtbar ist, besteht in diesem Hinblick noch ein erheblicher Forschungsbedarf. Um Missverständnissen an dieser Stelle vorzubeugen: Es soll hier nicht für den Verzicht von induktiven Lernsituationen plädiert, sondern zum Nachdenken über Konzepte, Medien und Hilfsmittel angeregt werden, um diese Problematik abzumildern.

## 3. Ein erster Lösungsansatz

Ein erster Lösungsansatz, der in der Begleitforschung zum Modellversuch "Neue Qualifizierung zum Geprüften Industriemeister Metall" (Bundesinstitut für Berufsbildung, Förderkennzeichen: D 2192.00) im Modellversuchsbereich "Mitte" entwickelt wurde, ist das didaktische Hilfsmittel "Methodensammlung Technik". Zur Vermeidung der Aneignung von nicht reflektierten Handlungsschemata und um die Qualitätssicherung der Ausbildung zu gewährleisten, wurde eine Methodensammlung für den Bereich Technik aufgebaut. Sie enthält allgemein verbindliche Handlungsschemata (wie Problemlösungsstrategien, Vorgehenspläne usw.), die zur Unterstützung der Teilnehmer bei der Lösung offener Problemstellungen dienen sollen. Die Methodensammlung besteht aus einem Orientierungsteil zur zielgerichteten Auswahl der Methoden und einer Loseblattsammlung mit den einzelnen Methoden, die von den Teilnehmern und Dozenten individuell erweitert werden kann. Eine Verzahnung der Methodensammlung mit den situationsbezogenen Lernaufgaben erfolgt durch Hinweise in den Dozentenhandreichungen zu den Lernaufgaben.

Da die Problematik auch über den speziellen Bereich der Meisterbildung hinaus von Bedeutung ist, bieten die Überlegungen grundlegende Anregungen zur Gestaltung arbeitsprozessorientierter Lernsituationen.

## 4. Literatur

PEIRCE, C. S.:
    Collected Papers of Charles Sanders Peirce, Bd. 2: Element of Logic.
    Hrsg.: HARTSHORNE, C.; WEIÁ, P.
    Cambridge, MA: Harvard University Press, 1931.

WORTMANN, D. A. (Hrsg.):
Aus der Arbeit lernen. Situationsaufgaben als neues Leitbild der Qualifizierung zum Industriemeister Metall.
Bonn, 2000.

Beitrag B2.3

# Integrierter Ausbildungsansatz zur Qualifizierung von Industriemechanikern mittels computerunterstützter Simulation

Peter Steininger
Gert Zülch

## 1. Einleitung

Am Institut für Arbeitswissenschaft und Betriebsorganisation (*ifab*) der Universität Karlsruhe werden zurzeit mehrere Projekte im Themenbereich E-Learning bearbeitet. Diese Projekte basieren auf den grundlegenden Arbeiten des Transferforschungsbereichs (TFB) 16, der das Ziel hatte eine Lehrsoftware für den Einsatz in beruflichen Aus- und Weiterbildungsstätten für Industriemechaniker zu schaffen. Innerhalb der Lehrsoftware wird das Mittel der Simulation eingesetzt, um dem Benutzer komplexe, berufsrelevante und praxisorientierte Themen darzubieten. Im Folgenden sollen die gewonnenen Erkenntnisse des TFB dargestellt werden.

## 2. Integrierter Ausbildungsansatz

### 2.1 Definition industrieller und pädagogischer Anforderungen

Zu den fachlichen und berufsspezifischen Qualifikationen von Industriemechanikern gehören heutzutage sowohl Wissen und Fertigkeiten als auch Problemlösefähigkeit. Die Ausbildung in diesem Bereich konzentriert sich jedoch überwiegend auf die Entwicklung von Fach- und Methodenkompetenz, zusammengeführt als Sachkompetenz bezeichnet. Dem gegenüber steht die fach- und berufsübergreifende Qualifikation; diese konzentriert sich auf das Zusammenwirken des (zukünftigen) Industriemechanikers mit seiner sozialen Umwelt. In diesem Bereich gilt es, Interaktionsfähigkeit und Verantwortungsfähigkeit als zentrale Komponenten zu fördern. Die Summierung der letztgenannten Ausbildungsschwerpunkte erfolgt unter dem Begriff Sozialkompetenz. Als integrativer Ansatz für die Ausbildung der Industriemechaniker wurde deshalb am *ifab* die Software MuTiI (Multimediales Trainingstool für Industriemechaniker in der Ausbildung) entwickelt.

Ausgangspunkt für diesen Ansatz ist die Errichtung (teil-)autonomer Gruppenstrukturen und neuer Organisationsformen in den Betrieben, in deren Folge sich auch die Arbeitsinhalte verändern (vgl. ZÜLCH u.a. 2000). Hinsichtlich der Fachkompetenz von Industriemechanikern zielt die computerunterstützte Ausbildung darauf ab, die bislang einzeln abgehandelten Lehrinhalte Arbeitsplanung, CNC–Programmierung, Qualitätssicherung und Instandhaltung zu vereinen und um den Aspekt der Fertigungsüberwachung zu ergänzen (vgl. Abb. 1).

Dadurch soll die Ganzheitlichkeit des Fertigungsprozesses verdeutlicht und das bisherige additive Qualifizierungsverständnis durch den Ansatz der Ganzheitlichkeit abgelöst werden. Folglich soll weniger neues Wissen vermittelt werden, als vielmehr die Anwendung von bereits erlerntem Wissen ermöglicht, dieses dadurch erweitert und somit das Übertragen auf die Realität der Berufs- und Arbeitswelt gefördert werden.

Somit erstreckt sich das Spektrum der Lernziele vom Training einfacher Handhabungen bis hin zur ganzheitlichen Handlungsfähigkeit im Sinne des Bewältigens einer komplexen Arbeitsaufgabe unter Berücksichtigung aller Beziehungen und Wechselwirkungen der Systemkomponenten. Der Begriff Handlung impliziert dabei zunächst eine körperliche Aktivität. Die Ganzheitlichkeit einer Handlung ist in Anlehnung an die Handlungsregulationstheorie von HACKER (1998) dann gegeben, wenn die Schleife "Vorbereiten der Aufgabe (Vertraut machen), Planen, Durchführen, Kontrollieren (Bewerten)" vollständig und sequenziell richtig durchlaufen wird. HACKER (1998, S. 273) bezeichnet demnach diese Handlung dann auch als lernförderlich.

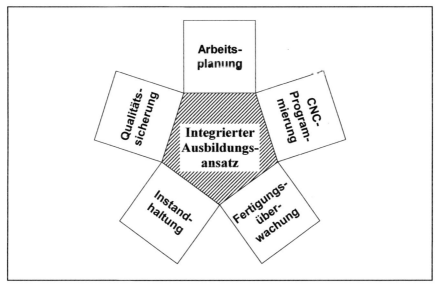

Abb. 1: Integration von Arbeitsplanung, CNC-Programmierung, Fertigungsüberwachung, Instandhaltung und Qualitätssicherung innerhalb von MuTil.
(nach ZÜLCH, STEININGER 2001, S. 2)

Überträgt man diesen arbeitspsychologischen Ansatz nach MEYER (1989) auf den (dort eigentlich schulischen) Lehr- und Lernprozess, so lässt sich die Handlungsorientiertheit wie folgt beschreiben: "Handlungsorientierter Unterricht ist ein ganzheitlicher und schüleraktiver Unterricht, sodass Kopf- und Handarbeit der Schüler ein ausgewogenes Verhältnis zueinander bilden" (MEYER 1989, S. 402).

## 2.2 Lernen mittels Simulation

Die beschriebene Handlungsorientierung als methodischen Aspekt spiegelt sich sehr gut in der Simulation wieder. Die Simulation von Praxissituationen in pädagogischer Absicht hat schon lange Bestand, und zwar vorwiegend in Form von Übungsmaschinen und Geräten. Die Anwendungen reichen jedoch bis hin zu Übungsfirmen, Lernbüros und dem Produktionsschulprinzip. Es wird davon ausgegangen, dass die Lernenden im Laufe ihrer Ausbildung das notwendige Fachwissen für die in der Simulation zu nutzenden Techniken bereits erworben haben.

Der wesentliche Teil des Lernprozesses findet in einem Simulationsszenario statt. Hier wird das zu Beginn beschriebene Konzept der Problemorientierung wirksam. Die Simulation beginnt zunächst mit einer Einführung. Der Lernende wird vor oder in der Simulation mit der Lernumwelt und dem Lehrsystem vertraut gemacht. Die Simulation im eigentlichen Sinne startet mit der Präsentation eines Szenarios (Arbeitsaufgabe); im Sinne problemorientierten Lernens bildet dies die erste Stufe der Lernschleife. Der Lernende macht sich mit der Arbeitsaufgabe vertraut und aus ihr entsteht ein Aktionsanlass. Im Folgenden ist das weitere Vorgehen zu planen und schließlich Aktionen zur Erreichung des vorgegebenen Zieles, nämlich der Fertigung der bestellten Teile, durchzuführen. Auf die Aktionen des Lernenden antwortet das System mit einer Reaktion, die das Szenario beeinflusst. Dadurch entsteht der Wirkungskreis der Simulation bis zum Ziel "Auftrag fertig" (vgl. Abb. 2).

Die angebotenen Szenarien sind nach Schwierigkeitsgrad aufsteigend geordnet und können vom Lernenden selbstständig oder in Gruppenarbeit bearbeitet werden.

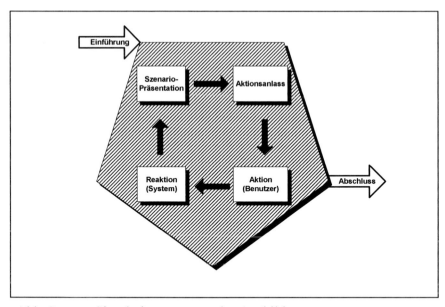

Abb. 2: Simulationssequenz des Ausbildungssystems (nach ZÜLCH, STEININGER 2001, S. 7)

## 3. Literatur

HACKER, Winfried:
    Allgemeine Arbeitspsychologie.
    Bern, Göttingen, Toronto, Seattle: Verlag Hans Huber, 1998.

MEYER, Hilbert:
    Unterrichtsmethoden II: Praxisband.
    Frankfurt/M.: Cornelson, 1989.

ZÜLCH, Gert; REIMANN, Claudia; SCHEIB, Thomas; STEININGER, Peter:
Das Berufsbild des Industriemechanikers in der Zukunft – Auswertung einer Befragung von 81 Industriebetrieben.
Karlsruhe Uni: Institut für Arbeitswissenschaft und Betriebsorganisation, August 2000.

ZÜLCH, Gert; STEININGER, Peter:
MuTil - A Computer Based Training System for Apprentice.
In: Interactive Computer Aided Learning, Experiences and Visions.
Hrsg.: AUER, Michael E.; AUER, Ursula.
Kassel: University Press, 2001, 13 S.
(CD-ROM)

Beitrag B3.1

# Bedienen und Verstehen: Das Qualifikationsprofil der Operatoren hochkomplexer Hybridsysteme

Gerhard Faber

## 1. Vorwort

Rund 80 % aller Havarien hochkomplexer Mensch-Maschine-Systeme (MMS) werden der Kategorie "Menschliches Versagen" zugeordnet. Vielfach bleiben die verdeckten Ursachen, z.B. schlecht gestaltete Schnittstellen hoher Komplexität, im Dunklen. Durch Redundanzen wird versucht, die Zuverlässigkeit und Sicherheit des MMS zu erhöhen. Für den Operator bedeutet dies wachsende Komplexität, er gerät weiter ins Abseits, obwohl man nicht auf ihn verzichten will oder kann.

Gegenwärtig ist eine zunehmende Abkehr vom technikzentrierten Entwicklungspfad (*left-over allocation*) und eine stärkere Hinwendung zum menschzentrierten (*humanized task approach allocation*; BAILEY 1989) zu beobachten. Dennoch bleibt die Notwendigkeit der Höherqualifizierung der Operatoren meist unbeachtet.

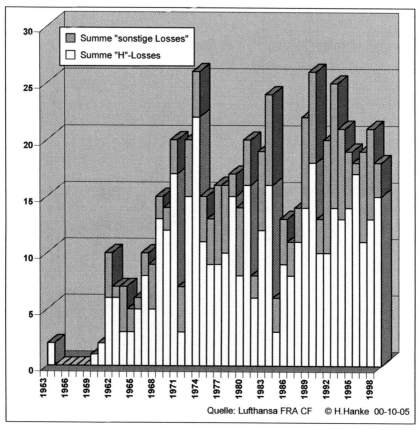

Abb. 1: Aufteilung der Totalverluste von 1953 bis 1998

## 2. Anstieg der H3-Unfälle in der Verkehrsluftfahrt

Innerhalb der letzten 45 Jahre ist der Anteil der Human-Factor-Unfälle (H-Unfälle) an der Gesamtzahl der Totalverluste nahezu konstant geblieben (siehe Abb. 1). Nach derzeitiger ICAO-Klassifikation (International Civil Aviation Organization) bildet der Faktor Mensch das höchste Unfallrisiko.

Analysiert man die vier Varianten bzw. Untergruppen der H-Unfälle genauer, so ist seit Mitte der 80er-Jahre mit Einführung der dritten Jetgeneration (Fly-by-Wire-Systeme, Glascockpit) eine erstaunliche Tendenz erkennbar.

Obwohl die Summe der H-Unfälle trotz angestiegenen Umfangs des Gesamtluftverkehrs und zunehmender Komplexität des Gesamtsystems Luftfahrt konstant geblieben ist, sind seit ca. 1985 die H3-Unfallraten exponentiell angestiegen (vgl. Abb. 2). Gemäß der Definition der ICAO bezeichnet H3:

- *Definition Classification Category Human H3 ICAO Proficiency Failure*
  Inappropriate handling of aircraft and its systems. Misjudgement. Lack of experience / training / competence.

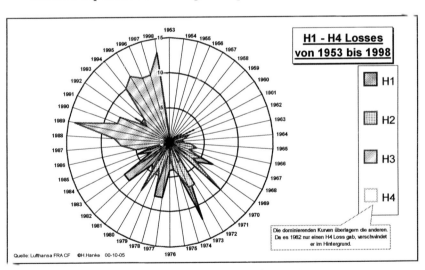

Abb. 2: H1 bis H4-Losses von 1953 bis 1998

H3 steht für *proficiency failure*. Obwohl die Definition eine große Bandbreite beinhaltet, bedeutet H3 letztlich mangelnde Kenntnisse und geringes Erfahrungswissen, also Ausbildungs- und Qualifikationsmängel. Hier bieten sich zwei Erklärungsvarianten an:

- *Design-Problem:*
  Das im Normalbetrieb bei relativ wenigen gleichverteilten Zeichen gut bedienbare MMS produziert im Störfall eine hohe Informationsdichte mit relativ vielen ungleich verteilten Zeichen. Diese können den maximalen Informationszufluss von 16 bit/s zu unserem Bewusstsein (Ultrakurzzeitspeicher) um ein Vielfaches übersteigen. Es kommt zu einem "Flaschenhalseffekt" beim Operator, mit anderen Worten: Sein "Speicher läuft über". Das System ist nicht mehr sicher handhabbar, es kann außer Kontrolle geraten (vgl. DINGES, FABER 1982).

- *Qualifikationsproblem:*
  Die Piloten verfügen nicht über hinreichende Handlungskompetenz infolge mangelhaften Systemverständnisses (*system awareness*). Sie sind im Störfall nicht in der Lage, mental in die richtige Subebene, den *Loop* zu gelangen, um Problemlösungs-Strategien außerhalb der sog. SOPs (*standard operating procedures*) zu entwickeln und z.B. das System manuell übernehmen zu können.

## 3. Lösungsvarianten

Die Lösungsvariante für Design-Probleme beinhaltet konstruktive Aspekte der MMS. Heutige Verkehrsflugzeuge der dritten Jetgeneration sind so komplex, dass es nicht mehr möglich ist, sie den Piloten vollständig darzustellen. Auf Displays und Panels, in Cockpit-Manuals und auch im Training werden nur Ausschnitte des Systems beschrieben (vgl. LUTZ 1999). System-technische Verständnislücken nehmen zu. Sind sie im Normalbetrieb und bei bereits bekannten Störungen noch verdeckt, so werden sie bei bisher unbekannten Problemen offenkundig. Hier gilt es, Abhilfe durch Design-bedingte Komplexitätsreduktion zu schaffen. Das MMS sollte nicht durch unnötige Features und Back-up-Systeme zu komplex gestaltet werden.

Die Lösungsvariante für Qualifikationsprobleme beinhaltet die Qualifikationserhöhung und –verbesserung der Operatoren. Mit höherem Automatisierungsgrad und somit höherer Komplexität des Hybridsystems Verkehrsflugzeug werden höherqualifizierte Piloten benötigt. Es war ein fataler Irrtum zu glauben, hochautomatisierte Systeme kämen mit minderqualifizierten Operatoren aus.

## 4. Systemverständnis als Schlüsselqualifikation

Bereits in den frühen 80er-Jahren wurde in einem Forschungsprojekt des Battelle-Institutes (vgl. GIZYCKI, WEILER 1980) die Höherqualifizierungsthese im Umgang mit komplexen technischen Hybridsystemen favorisiert. Piloten (sowie auch andere Operatoren), die häufig in zeitkritischen Situationen arbeiten, benötigen Subsystem-Kenntnisse der 1. und 2. Subebene (Einrichtung, Gruppe, vgl. DIN 40150). Kenntnisse der filigranen Substrukturen integrierter Bausteine oder Mikrostrukturen vor dem Hintergrund z.B. des Energie-Bändermodells sind nicht hilfreich.

Technische Grundlagen und Kenntnisse des Systemaufbaus genügen nicht. Bedeutsam sind funktionale, strukturelle und hierarchische Kenntnisse des Gesamtsystems einschließlich seiner Subsysteme. Nur dann dürfte gewährleistet sein, dass Operatoren über die SOPs hinaus flexible - vielleicht sogar kreative - Problemlösungs-Strategien in zeitkritischen Situationen finden.

## 5. Literatur

BAILEY, R. W.:
   Human Performance Engineering.
   Upper Saddle River, NJ: Prentice Hall, 2. Auflage, 1989.

DIN 40150:
    Begriffe zur Ordnung von Funktions- und Baueinheiten.
    Berlin: Beuth-Verlag, Oktober 1979.

DINGES, Wolfgang; FABER, Gerhard:
    System Mensch-Flugzeug.
    Rossdorf: Air Report Verlag, 1982.

GIZYCKI, R. V.; WEILER, U.:
    Mikroprozessoren und Bildungswesen.
    München, Wien: Oldenbourg, 1980.
    (Sozialwissenschaftliche Reihe des Battelle-Institutes, Band 2)

LUTZ, Klaus:
    Geeignete Darstellungstiefen komplexer Flugzeugsysteme zur Optimierung der System Awareness von Verkehrspiloten.
    Berlin: TU Diplomarbeit, 1999.

Beitrag B3.2

# Erfahrungsgeleitetes Lernen und Arbeiten in IT-Berufen

– Zur Konzeption eines Modellversuchs in der Berufsbildung

Marc Schütte
Ursula Carus
Reiner Schlausch

## 1. Zielstellung

Der vorliegende Beitrag behandelt den Modellversuch "Erfahrungsgeleitetes Lernen und Arbeiten in IT-Berufen" (ELA.IT)[1]. Es sollen sowohl die ausgewählten Fragestellungen als auch das beabsichtigte Vorgehen bei der Analyse vorgestellt werden.

Der Modellversuch ELA.IT hat das erfahrungsgeleitete Arbeiten und Lernen von Fachinformatikern/innen zum Gegenstand (vgl. auch BAUER u.a. 2002). Der Zugang zu diesem Personenkreis sowie zu relevanten Aus- und Weiterbildungsstrukturen und Arbeitstätigkeiten stellt sich über ein Unternehmen aus der Telekommunikationsbranche (Tenovis) her. Der Versuch ist zunächst auf einen ausgewählten Standort des Unternehmens beschränkt.

In einer ersten Phase beleuchten wir die Rolle des Erfahrungswissens in (rechnergestützten) Arbeitsvollzügen, für die der Beruf - in starkem Maße prospektiv, weil keineswegs eindeutig ist, wie sich technologische und ökonomische Entwicklungen im Unternehmen niederschlagen werden - qualifizieren soll. Während vorhandene Konzepte des Erfahrungswissens stets die Bedeutung der sinnlichen Wahrnehmung und eines direkt stofflich-gegenständlichen Arbeitsbezuges für den Kompetenzerwerb - z.b. im Rahmen von industrieller Facharbeit - akzentuieren bzw. ihr Fehlen problematisieren (vgl. z.B. LUTZ, MOLDASCHL 1989), ist für diese Arbeitsvollzüge ein abstrakter, informatisierter Gegenstandsbezug geradezu Bedingung und oftmals sogar ein herzustellendes Ziel der beruflichen Tätigkeit. Gleichwohl ist davon auszugehen, dass informelles und erfahrungsgeleitetes Lernen, welches entscheidend auf der Ebene der Handlungsaffekte und des Handlungsablaufs zu verankern ist, sowohl die berufliche Leistungsfähigkeit als auch das gefühls- und motivationsrelevante subjektive Erleben der Tätigkeit von Fachinformatikern wesentlich beeinflusst. Zu diesem spezifischen Fragenkomplex liegen bislang jedoch noch kaum nutzbare Befunde vor.

Mit dem Vorliegen erster Zwischenergebnisse soll in der zweiten Phase des Modellversuchs damit begonnen werden, mittels geeigneter Interventionen, primär im Bereich der Erstausbildung, die Entwicklung und Erhaltung von Erfahrungswissen zu ermöglichen und zu optimieren.

## 2. Schwerpunkte der Untersuchung

Gegenwärtig lassen sich drei Untersuchungsschwerpunkte in der ersten Phase des Projektes ELA.IT benennen. Einen ersten Schwerpunkt bildet die kontrastive Analyse informatisierter und noch weitgehend handwerklich geprägter Arbeit an den Schnittstellen Online-Service und Vor-Ort-Service des fokalen Unternehmens. Dieser Bereich wird von uns als eine erste Referenzgröße für ein gegenwärtig nicht klar definiertes Tätigkeitsfeld von Fachinformatikern aufgesucht. Uns beschäftigt hier u.a. die Frage, wie die mediale Vermittlung und Verdichtung der stofflichen Basis der Arbeit (installierte Telekommunikations-Anlagen), einschließlich der Distanz zu den Benutzern, im

Online-Service sich auf die handlungsrelevante Integration von Fachwissen als Grundlage erfahrungsbasierter Performanz auswirkt. Ein zentraler Performanzaspekt, im Sinne einer Kernkompetenz, stellt in beiden Fällen die Gestaltung von Experten-Laien-Kommunikation dar, in der das eigentliche Arbeitsobjekt (eine zu behebende Störung oder ein zu lösendes Anwendungsproblem) zunächst einmal identifiziert und hervorgebracht werden muss. Dies setzt beim Experten etwa die (Fähigkeit zur) Aufschließung eines in der Wahrnehmung verkapselten "stillen" Wissens voraus; er muss überdies seine Perspektive umzentrieren und mit der des Anwenders in Resonanz bringen (siehe RAMBOW, BROMME 2000).

Wir ziehen die Analyse von Experten-Laien-Kommunikation (neben arbeitswissenschaftlichen Verfahren und Interviews) heran, um das Erfahrungswissen der Akteure aus dem Vollzug heraus zu erschließen. Eine konkrete Hypothese, die wir so aufklären möchten, besagt z.B., dass Service-Mitarbeiter im Vor-Ort-Service sich auf umfassendere, narrative – in prototypischen gelebten Geschichten verankerten – und intentionale Wissensstrukturen als Grundlage ihrer Expertise stützen; ihre Diagnosestrategien laufen daher wahrscheinlich vorwärtsgerichtet und konsensorientiert ab. Demgegenüber werden Mitarbeiter im Online-Service eine (konfliktträchtige) Rückwärtsverarbeitung ausgehend von generierten Hypothesen über die Art des Problems ausführen, bei der abstrakte und detaillierte Problembeschreibungen stärker oszillieren. Wir vermuten, dass die technikorientierte Interaktionsweise mit dem Gegenstandsbereich im Online-Service die Ausbildung von angemessenen handlungs- und wahrnehmungsbildenden kognitiven Strukturen erschwert.

Einen zweiten Schwerpunkt bildet die Langzeitbegleitung und –analyse von mehreren Ausbildungsjahrgängen im fokalen Unternehmen. Ziel ist hier, die gegebene und potenzielle Bedeutung primärer Erfahrungen im Gegenstandsbereich für den Kompetenz- und Wissenserwerb in diesem neuen Ausbildungsberuf zu belegen und entsprechende Interventionen durchzuführen. Hierfür sind von uns Gruppengespräche, Fragebogenerhebungen und Einzelfallanalysen in regelmäßigen Abständen (ca. alle sechs Monate) vorgesehen. Als relevanter Analyseaspekt kristallisiert sich nach einigen ersten durchgeführten Erhebungen bereits die berufliche Identitätsfindung heraus. Ein dritter Schwerpunkt, den wir gegenwärtig vorbereiten, soll übergreifend informelle Lernarrangements für ein selbst gesteuertes Lernen, die auf allen Ebenen des Unternehmens nachzuweisen sind, thematisieren. Beispielsweise soll Hinweisen gezielt nachgegangen werden, wonach etwa Auszubildende regelmäßig so genannte LAN-Partys (*local area network*) organisieren und die Mitarbeiter im Vor-Ort-Service informelle wöchentliche Zusammenkünfte abhalten. Ersteres könnte z.b. eine kompensatorische Funktion im Hinblick auf in der Ausbildung gegenwärtig nicht erfüllte Anforderungen an die Ganzheitlichkeit von Anforderungen übernehmen; im zweiten Fall steht möglicherweise die Überlieferung von problemlösungsrelevantem Erfahrungswissen im Vordergrund.

## 3. Anmerkung

1   Laufzeit von 12/2001 bis 5/2005; Förderung durch Bundesministerium für Bildung und Forschung, Forschungskennziffer D 0969.00 B; Schwerpunktfeld Tacit Skills, BIBB.

## 4. Literatur

BAUER, H. G.; BÖHLE, F.; MUNZ, C.; PFEIFFER, S.; WOICKE, P.:
Hightech-Gespür - Erfahrungsgeleitetes Arbeiten und Lernen in hoch technisierten Arbeitssystemen.
Bielefeld: W. Bertelsmann Verlag, 2001.
(Berichte zur beruflichen Bildung 253)

LUTZ, B.; MOLDASCHL, M.:
Expertensysteme und industrielle Facharbeit.
Frankfurt/M.: Campus Verlag, 1989.

RAMBOW, R.; BROMME, R.:
Was Schöns "reflective practitioner" durch die Kommunikation mit Laien lernen könnte.
In: Wissen, Können, Reflexion.
Hrsg.: NEUWEG, G. H.
Innsbruck: Studien-Verlag, 2000, S. 245-264.

Beitrag B3.3

# Berufsorientierung: Wirksamkeit der Peergroup

Lothar Beinke

## 1. Die Einflüsse der Peergroups auf die Berufsentscheidung

Die Rolle von Peers, die oft in Berufsentwicklungstheorien vernachlässigt wird, zeigt, dass häufige Gespräche mit Peers über karrierebezogene Fragen signifikant assoziiert wurden mit der Intensität von Informationssuchverhalten und zur selben Zeit die Voraussage zuließen, dass eine Intensivierung von Berufs- und Beschäftigungserkundungen erfolgte. Es könnte fruchtbar sein, die Rolle von Peers in zukünftigen Forschungen über die Berufsentwicklung Heranwachsender zu berücksichtigen.

In den Peergroups erscheint das möglich, was SCHULZE (1996, S. 226) als die Vereinfachung der Wirklichkeit bezeichnet, denn "gelegentliche Irrtümer bei halbwegs akzeptabler Trefferquote sind allemal jener Desorientierung vorzuziehen, die unvermeidlich wäre, wollte man soziale Komplexität in vollem Umfang zulassen. Das Bedürfnis nach Ordnung und Vereinfachung wird in Wirklichkeitsmodellen umgesetzt". Damit sich in diesen Gruppenbildungen die Kommunikationswege zur Schaffung der Funktionsausübung entwickeln können, bilden sie spezifische Strukturen aus. In diesen Strukturen versuchen die jungen Menschen, ihre individuellen Probleme zu lösen. Sie formieren sich zu Gruppen – Gruppen Gleichaltriger.

MOGGE-GROTJAHN (1996, S. 189) bezeichnet als Peergroups von Jugendlichen selbst gewählte Bezugsgruppen, an deren normativen Maßstäben und Verhaltenserwartungen die Gruppenmitglieder sich orientieren. Sie verweist auf die gängige Begriffsdefinition in der Jugendsoziologie, die unter Peergroup Gruppen Gleichaltriger versteht. Diese Gruppen sind dadurch gekennzeichnet, dass sie eine große Bedeutung für den Prozess der Ablösung Jugendlicher von der Herkunftsfamilie und die Entwicklung ihrer eigenen Identität haben. Dazu entwickelte sie ein Problemlösungsverhalten, das für KRACKE und SCHMIDT-RODERMUND (2001) über das Sammeln von Informationen hinausgeht.

## 2. Übergang Schule-Beruf

Die Erforschung des Verhaltens Jugendlicher in der Situation vom Übergang aus der Schule in den Beruf kann als ein Engagement in verschiedenen Aktivitäten auf fünf Gebieten, nämlich Freizeit, Schule, Technik (wahrscheinlich Computertechnik), Kino und Musik konzeptualisiert werden. Je näher die Adoleszenz sich dieser Übergangsperiode von der Schule in das Arbeitsleben nähert, desto wichtiger wird die Entwicklungsaufgabe zur Vorbereitung auf einen künftigen Platz im Arbeitsleben und umso größer sind die Anstrengungen der Heranwachsenden, die sie zur Erkundung von Veröffentlichungen über Erziehung und Beschäftigung aufwenden. In der späteren Adoleszenz sind Bildungs- und Beschäftigungsfragen wichtiger als andere jugendtypische Entwicklungen, wie intime Verwandtschaften, Beziehungen, über die zukünftige Familie nachzudenken oder von den Eltern unabhängig zu werden. Das Informationssammeln für den Übergang von der Schule in die Arbeitswelt wird in steigendem Maße ein individueller Akt. Die Vorbereitungstätigkeiten und im Einzelnen das Verhalten der Informationssuche für die künftige Beschäftigung werden wichtiger, je schwieriger der Zugang zur Erwachsenenwelt für die Jugendlichen wird.

Die Ergebnisse der Forschung ("Modellversuch Sachsen, Chemnitz, Gießen" 1994) zeigen, dass die Erkundung der beruflichen Karrierechancen, betrachtet als ein Informationssuchverhalten, das auf das Selbst und die Umgebung der betroffenen Schülerinnen und Schüler gerichtet war, bei den Mädchen intensiver war als bei den Jungen. Eine kurzfristig positive Konsequenz der Karriereforschung war der Rückgang an kognitiver Unsicherheit über die Zukunftskarriere und als eine positive Langzeitkonsequenz konnte eine höhere Befriedigung mit der Lehre beobachtet werden. Eine Hauptschlussfolgerung aus der prospektiven Langzeitstudie über Karriereplanung ist, dass ähnliche Faktoren, welche als relevant in verschiedenen Forschungen an Exploration in Identitätsentwicklung gelten, auch von Einfluss sind für die Erforschung in den dominierenden Berufskarriereentwicklungen. So unterstreichen die Ergebnisse wiederum wahrscheinlich, dass elterliche Bemühungen, elterliches Verhalten, das sich auf die Erfordernisse von Erwachsenen richten, auch die Entwicklung von Heranwachsenden zur Berufswegplanung fördert.

Die Rolle der Peers erweist sich in den Konzepten Heranwachsender ausdrücklich als wichtig. Mit diesen werde die Entwicklungsaufgabe für berufliche Vorbereitung besser gelöst. Insgesamt bestätigen die Ergebnisse, dass die Heranwachsenden die Informationen, die sie für die Vorbereitung der Berufsentscheidung brauchen, zusammen mit ihren Freunden sammeln und sich gegenseitig fördern. Sie präsentieren sich gegenseitig, was sie herausgefunden haben. Das fördert den Prozess über das Klären ihrer Interessen und Möglichkeiten. Es gibt offenbar eine systematische Verbindung zwischen unterstützenden Erfahrungen in der Eltern-Adoleszenten-Beziehung auf der einen Seite und die Peer-unterstützten Beziehungen mit der Zielsetzung der Karriereerforschung auf der anderen Seite. Eine elterliche Unterstützung auf hohem Level scheint mit einer größeren Unterstützung von den altersgleichen Partnern der Heranwachsenden zusammenzugehen.

Der Einfluss dieser Gruppen auf die Motivation, die Einstellungen und Verhaltensweisen und Perspektiven scheint besonders darin zu liegen, dass die Gruppen emotionale Sicherheit verschaffen. Daraus resultiert eine emotionale Abstützung der Mitglieder gegenüber anderen Ansprüchen. Ihre Wirkung auf den Prozess berufsbezogener Wertvorstellungen und Orientierungen im Sozialisationsprozess ergänzt die vorberufliche Sozialisation des Nachwuchses durch die Familie.

Befragt man Informationsquellen der Jugendlichen über Tätigkeiten der Wahlberufe und deren Charakteristika, dann rangieren die Peergroups Freunde hinter den Berufsberatern und Eltern. So ergibt die Auswertung eines Modellversuchs zur Berufsfindung in Sachsen, dass Berufsberater zu 54,5 %, Eltern zu 38,0 % und Freunde zu 18,7 % als Informanten genannt werden. Die Kenntnisse der Jugendlichen über Berufe ergaben, dass besonders die Mutter vor den Vätern rangieren (55,6 % zu 48,6 %). Die Peergroups wurden zu 26,5 % noch vor den Lehrern mit 13,2 % eingeschätzt. Informationen über Chanceneinschätzung der Wunschberufe kommen von den Eltern an der Spitze mit 38 %, die Peergroups erhielten 18,7 % Nennungen, die Lehrer nur 2,8 %. Ähnlich verhielt es sich mit den Informationen über Ausbildungswege für Berufstätigkeiten: Eltern 35,4 %, Peergroups 16,8 %, Lehrer 6,3 %. Das galt auch für die Verdienstmöglichkeiten: Eltern 28,9 %, Peergroups 19 %, Lehrer 2,2 % und über Ausbildungs- und Arbeitsplatzangebote: Eltern 38,6 %, Peergroups 13,9 %, Lehrer 10,1 %.

Daraus ergibt sich, dass die Peergroups in diesem informellen Bereich im Vergleich der Eltern und Verwandten zwar eine nachgeordnete Rolle spielen, aber doch deutlich vor den professionellen Informanten in der Schule rangieren.

Der Einfluss der Peergroups scheint bei dieser Datenlage zwar nicht unbedeutend, aber auch nicht entscheidend. Um weitere Zusammenhänge herauszufinden, beginnt noch in diesem Jahr eine Befragung von ca. 3000 Jugendlichen. Dabei wird besonders danach gefragt, ob der Einfluss der Jugendlichen wächst und ob er zu Lasten anderer Quellen geht.

# 3. Literatur

KRACKE. Bärbel; SCHMIDT-RODERMUND, Eva:
Erforschung der Berufskarrieren Erwachsener im Kontext von Bildungs- und Beschäftigungseinrichtungen.
In: Wegweiser durch die Adoleszenzphase: Europäische Perspektiven.
Hrsg.: NURMI, Jari-Erik.
New York, London: Routledge, 2001, S. 141-164.

MOGGE-GROTJAHN. Hildegard:
Soziologie. Eine Einführung für soziale Berufe.
Freiburg: Lambertus, 2. Auflage, 1999.

SCHULZE, Gerhard:
Die Erlebnisgesellschaft.
Frankfurt/M., New York: Campus Verlag, 6. Auflage 1996.

Beitrag B4.1

# Stärken- und Bedarfsanalysen: Identifizierung des Ausbildungspotenzials von Ausbildungspartnerschaften

Falk Howe

## 1. Ziele

Ausbildungspartnerschaften verfolgen die grundsätzliche Absicht, das Know-how und die Ressourcen der einzelnen beteiligten Unternehmen in einer gemeinsamen Ausbildung so zu nutzen, dass sich Stärken und Bedarfe der Partner kompensieren und sich in der Summe eine vollständige, qualitativ hochwertige und kostengünstige Ausbildung ergibt. Vor diesem Hintergrund entwickelte die wissenschaftliche Begleitung des Modellversuchs "Geschäfts- und arbeitsprozessbezogene Ausbildung in Nordrhein-Westfalen" (GAPA)[1], bei dem das Konzept der Ausbildungspartnerschaften eine tragende Rolle spielt, ein Instrument zur Identifizierung des gemeinsamen Ausbildungspotenzials und den damit verbundenen Kooperationsmöglichkeiten. Die "Stärken- und Bedarfsanalysen" verfolgen zusammenfassend folgende Ziele:

- Bestandsaufnahme der betrieblichen Ausbildungssituation (Organisation, Ressourcen, Stellenwert, Besonderheiten),
- Identifizierung der Schwerpunkte der Facharbeit in den Betrieben,

- Erarbeitung von Empfehlungen zur Nutzung der identifizierten Stärken für die Ausbildung, von Hinweisen auf Bedarfe und einer Zusammenstellung von Good-Practice-Beispielen,
- Aufbereitung der gewonnenen Erkenntnisse zu einem Bericht als Grundlage für die Ausbildungsplanung und -gestaltung durch Ausbilder-Lehrer-Arbeitsgruppen.

## 2. Durchführung

Stärken- und Bedarfsanalysen bestehen aus zwei Analyseschritten. Den Auftakt bildet eine schriftliche Voruntersuchung, bei der zwei Fragebögen auszufüllen sind. Fragebogen 1 erhebt allgemeine Daten zum Unternehmen (Größe, Branche, Geschäftsfelder, Standorte, Ansprechpartner) und soll einen Überblick über die Betriebs- und Arbeitsorganisation (Geschäftsprozesse, Auftragsabwicklung, Abteilungen, Zuständigkeiten) sowie die betriebliche Ausbildung ("Ausbildungsphilosophie", Ausbildungsspektrum, Anzahl der Auszubildenden, Organisation der Ausbildung, Ausstattung, Lehrgänge/Kurse, betriebliche Einsatzstellen, Kooperationsaktivitäten, Leistungsbewertung) liefern. Mit Fragebogen 2 werden die Schwerpunkte der betrieblichen Facharbeit für den jeweils ausgewählten Beruf erhoben. Dazu schätzen ausgewählte Facharbeiter des Unternehmens als Experten ihres Berufes die anfallenden beruflichen Arbeitsaufgaben unter drei Aspekten ein:

- Häufigkeit des Auftretens der Aufgabe im Betrieb,
- Bedeutung der Aufgabe als Bestandteil des Berufes,
- Schwierigkeitsgrad der Aufgabe.

Nach Auswertung der Fragebögen findet in einem zweiten Schritt eine Vor-Ort-Untersuchung im Unternehmen statt. Auf Basis der Ergebnisse von Fragebogen 2 werden zu diesem Zweck insbesondere solche Arbeitsplätze ausgewählt, die nach Einschätzung des Unternehmens einen charakteristischen Einsatzort für Facharbeit des ausgewählten

Berufes repräsentieren oder für die in Zukunft der Einsatz entsprechender Fachkräfte geplant ist. Dem Untersuchungsteam, das sich in der Regel aus zwei Personen zusammensetzt (Durchführender, Protokollant), steht für die gesamte Maßnahme ein erfahrener Unternehmensvertreter zur Seite, der vor allem in der Lage ist, die Einbettung der analysierten Arbeitsplätze in die betrieblichen Geschäftsprozesse zu erläutern. Die ausgewählten Arbeitsplätze werden detailliert in Bezug auf die hier zu bewältigenden beruflichen Arbeitsaufgaben analysiert. Zu diesem Zweck werden wiederholt der Begleiter als auch jeweils die an den Arbeitsplätzen Tätigen an Hand eines Interviewleitfadens zu den anfallenden Arbeitsaufgaben ausführlich befragt. Je nach Größe des Unternehmens dauert die Vor-Ort-Untersuchung einen halben bis einen ganzen Tag.

## 3. Dokumentation

Den Abschluss der Analysen bildet die systematische Auswertung und Aufbereitung der gewonnenen Daten sowie die Erstellung eines Berichtes. Dieser enthält in einem ersten Teil, basierend auf der Auswertung der Fragebögen, eine umfassende Bestandsaufnahme der gegenwärtigen Ausbildungssituation des Unternehmens. An Hand von Bewertungskriterien (Vollständigkeit der Ausbildung, Schwerpunkte der Ausbildung, spezifisches Ausbildungs-Know-how, Ausbildungsressourcen, betriebliche Einsatzmöglichkeiten, Ausbildungsdidaktik/ –methodik, Ausbildungskontakte) werden Stärken und Bedarfe der Ausbildung des Unternehmens benannt und Empfehlungen abgeleitet.

Den zweiten Teil des Berichtes bildet das Ergebnis der Vor-Ort-Untersuchung. Jeder analysierte Arbeitsplatz erhält eine eindeutige Kennung und Kurzbezeichnung. Der Arbeitsplatz und die hier anfallenden Aufgaben werden knapp beschrieben und ggf. durch Fotos illustriert. Darüber hinaus wird ausgeführt, welche beruflichen Arbeitsaufgaben hier als Kernaufgabe (d.h. die Aufgabe fällt regelmäßig an) oder als Randaufgabe (d.h. die Aufgabe fällt gelegentlich an) zu bewältigen sind. In der Summe ergeben sich, strukturiert nach den beruflichen Arbeitsaufgaben, Profil und Potenzial der Facharbeit des untersuchten Berufes im Unternehmen.

## 4. Verwendung der Ergebnisse

Nach Abstimmung mit dem analysierten Unternehmen wird der Bericht in einer autorisierten Endfassung der Ausbildungspartnerschaft zur Verfügung gestellt. Er bildet eine wesentliche Grundlage für die Planung und Gestaltung der gemeinsamen Ausbildung durch die Ausbilder-Lehrer-Arbeitsgruppe. Mit der Dokumentation erhalten auch die Ausbilder und Lehrer, die das Unternehmen nicht näher kennen, einen Einblick in dessen Geschäftsfelder und Organisation sowie ausführliche Informationen zur Ausbildungspraxis und zu den Ausbildungsmöglichkeiten. Darüber hinaus lassen sich die Ergebnisse der Stärken- und Bedarfsanalyse systematisch in die Befunde bereits durchgeführter Analysen einfügen, sodass sich sukzessive ein Gesamtbild der regionalen Ausbildungssituation ergibt. In einer Ausbildungspartnerschaft mit Unternehmen verschiedener Branchen kann sich im Idealfall ein auch im Sinne der Ordnungsmittel vollständiges Spektrum an anspruchsvollen, interessanten und in ein hohes betriebliches Know-how eingebetteten Arbeitsaufgaben für den jeweiligen Ausbildungsberuf ergeben.

Der Ausbilder-Lehrer-Arbeitsgruppe helfen die Befunde der Stärken- und Bedarfsanalyse, die partnerschaftliche Ausbildung intelligent zu organisieren und sie über die Nutzung der Stärken der Beteiligten qualitativ hochwertig zu gestalten. So lässt sich den vorliegenden Berichten entnehmen, welche Ausbildungsbetriebe sich für eine geplante Maßnahme, z.B. für eine Lern- und Arbeitsaufgabe, besonders eignen bzw. anbieten. Auf einer gemeinsamen Sitzung können auf dieser Basis dann Zuständigkeiten, Aufgabenverteilungen usw. festgelegt werden. Dies schließt die Planung eines "Austausches" von Auszubildenden ein.

## 5. Fazit

Stärken- und Bedarfsanalysen sind mittlerweile in zahlreichen Klein- und Mittelunternehmen durchgeführt worden und stießen dabei auf großes Interesse sowohl bei Betriebsleitungen als auch beim Ausbildungspersonal. Über die Visualisierung der Einzelergebnisse in Form von Netzdiagrammen sowie eine übersichtliche, zusammenfassende Darstellung des gemeinsamen Ausbildungs- und Kooperationspotenzials konnten sie sowohl eine wichtige Rückmeldung für das Unternehmen selbst als auch eine Basis für die Zusammenarbeit und Ausbildungsgestaltung in einer Ausbildungspartnerschaft bilden. Akzeptanz und Nachfrage bezüglich des Instrumentes verweisen dabei einmal mehr auf die Tatsache, dass bei Ausbildern, Berufsschullehrern, Personalentwicklern und Berufsbildungsplanern nach wie vor ein ausgesprochener Bedarf an Hilfen und leicht handhabbaren "Werkzeugen" für die Umsetzung von Konzepten in konkrete Ausbildung existiert.

Stärken- und Bedarfsanalysen sind in diesem Zusammenhang ein weiterer Baustein des Vorhabens, die Planung und Gestaltung beruflicher Bildung im Allgemeinen und die Etablierung von sowie die Arbeit in Ausbildungspartnerschaften zu unterstützen. Denn trotz der Vorteile, die Ausbildungspartnerschaften mit der Erhöhung der Ausbildungsqualität, der Senkung der Ausbildungskosten sowie der Schaffung und Sicherung von Ausbildungsplätzen bieten, ist diese Form der Berufsbildung noch immer eher die Ausnahme. Bei der Identifizierung der Gründe für dieses Phänomen und der Möglichkeiten, Ausbildungspartnerschaften weiter zu befördern, besteht nach wie vor Handlungs- und Forschungsbedarf.

## 6. Anmerkung

1   An der Entwicklung des Instrumentes "Stärken- und Bedarfsanalyse" waren neben dem Autor Waldemar Bauer, Kerstin Meyer und Dr. Reiner Mizdalski vom Institut Technik und Bildung der Universität Bremen beteiligt.

Beitrag B4.2

# Kompetenzentwicklung und modellbasierte Diagnose

Franz Stuber

## 1. Diagnosekompetenz im Arbeitsprozess

Technische Diagnose, also das Aufspüren und Beseitigen von Fehlern und Störungen in Arbeitssystemen, ist eine zentrale Aufgabe in der gewerblichen Berufsarbeit. Diagnosearbeit trifft man an sehr verschiedenen Stellen an: von der Instandhaltung komplexer Produktionssysteme, über die Netzwerkadministration bis hin zur Arbeit im Kfz-Service.

Diagnosearbeit gilt zu recht als eine sehr anspruchsvolle Arbeit. Dies beginnt bereits damit, ein Fehlersymptom überhaupt als solches zu erkennen, was nicht in jedem Falle trivial ist. Diagnoseexperten hören, spüren, riechen, sehen Störungsphänomene, die der Laie entweder gar nicht wahrnimmt oder für die er keine zutreffende Beschreibung zu geben weiß.

Haben Diagnoseexperten Symptome erkannt, sind sie mit einer Vielzahl möglicher Fehlerursachen konfrontiert. Die Ursachen überlagern sich oft und häufig existieren wechselseitige Abhängigkeiten ohne eindeutige Ursache-Wirkungsketten. Ein erkanntes Fehlerbild ist also erst der Ausgangspunkt der Indiziensuche, der Hypothesenbildung und auch sehr individueller Fehlersuchstrategien.

## 2. Informatische Modellierung von Diagnosekompetenz

Diagnosearbeit in Service, Instandhaltung und Wartung ist heute von Diagnosesystemen geprägt, die mit Hilfe informatischer Prinzipien und Methoden entwickelt werden. Sie sachgerecht anzuwenden, ihre Leistungsfähigkeit und ihre Grenzen zu beurteilen und an deren Weiterentwicklung mitzuwirken, gilt zu recht als eine Kernkompetenz in diesem Bereich. Doch wie wird Diagnosekompetenz in Diagnosesystemen erfasst?

Um einen Sachverhalt für ein Diagnosesystem beschreiben zu können, müssen alle Merkmale bekannt und Wissen über ihre Beziehungen vorhanden sein. Der generelle informatische Ansatz, der bei Diagnosesystemen verfolgt wird, fasst Diagnose als Klassifikation auf. Gesucht ist ein Lösungsprozess für folgende Probleme:

"Der Problembereich besteht aus zwei endlichen, disjunkten Mengen von Problemmerkmalen und Problemlösungen und aus typischerweise unsicherem, mehrstufigem Wissen über die Beziehungen zwischen Problemmerkmalen und Problemlösungen" (PUPPE 1991, S. 42).

### 2.1 Ansätze zur Repräsentation

Klassische Ansätze zur informatischen Modellierung und Repräsentation von Diagnosekompetenz sind Fehlerbäume, Ablaufdiagramme und Entscheidungstabellen. Bei diesen Formalismen werden bekannte Symptom-Ursache-Zusammenhänge und Diagnosestrategien festgehalten und als Dokumentationsunterlage und Handlungsanleitung im Arbeitsprozess eingesetzt. Probleme entstehen hier u.a. bei der Formulierung komplexer Zusammenhänge; Darstellungen werden schnell unübersichtlich und häufig ist es nicht trivial, geeignete Abstraktionsniveaus zu finden.

Die Ansätze der Expertensysteme der 90er-Jahre versuchten dann, eine deklarative Formulierung von Zusammenhängen in Regeln von deren maschineller Bearbeitung mittels geeigneter Inferenzstrategien zu trennen. Probleme mit dem Handling und der Konsistenzerhaltung großer Wissensbasen führten hier zu verschiedenen prototypischen Erweiterungen, wie etwa dem Einsatz fallbasierter Ansätze oder künstlicher neuronaler Netze.

## 2.2 Modellbasierte Diagnose

Während es sich bei klassischen Formalismen und bei den Expertensystemen stets um mehr oder weniger ausgeprägte erfahrungsbasierte Ansätze handelt, geht die modellbasierte Diagnose einen neuen Weg: Modellbasierte Diagnose zielt auf die Formalisierung und automatische Bearbeitung möglicher Ursache-Wirkungs-Zusammenhänge unabhängig von ihrem Auftreten. Nicht erst Wissen und Erfahrung über stattgefundene Probleme mit technischen Systemen sollen modelliert werden, sondern sämtliche hypothetischen Problemfälle, die aus den Eigenschaften der Systeme abgeleitet werden. Bei der modellbasierten Diagnose wird also eine umfassende *Konstruktionslogik* für die Modellierung und automatische Problembehandlung technischer Systeme verfolgt.

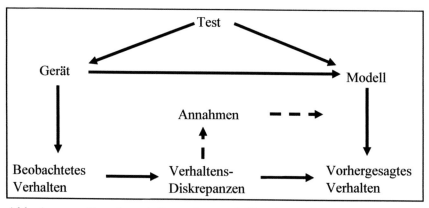

Abb. 1: Grundvorstellung der modellbasierten Diagnose

Das Grundprinzip besteht in einer rechnerischen Nutzung von Verhaltensdiskrepanzen zwischen erwartetem und beobachtetem bzw. gemessenem Verhalten technischer Systeme (siehe Abb. 1). Modellbasierte Diagnosesysteme sind mittlerweile auf dem Weg in die berufliche Praxis und die Systemhersteller versprechen sich eine umfassende Rationalisierung und Effektivierung der Diagnosearbeit:

"Mit Hilfe eines produktintegrierten Diagnoseverfahrens können auf Basis von Strukturdaten der internen Elektrik/Elektronik-Infrastruktur und einer Funktions- und Komponentenhierarchie Informationen zur Fehlerlokalisation, zum Fehlertyp, zur Fehlerursache und zu der für den Anwender beeinträchtigenden Funktion gegeben werden"
(DaimlerChrysler).

## 3. Gestaltungsanforderungen

Dieser Paradigmenwechsel in der Diagnosetechnologie ist bislang kaum in seinen Auswirkungen auf die Kompetenzentwicklung erforscht. Immerhin zeigt sich hier ein Paradoxon der technischen Entwicklung: Während Mensch-Maschine-Systeme in ihren Eigenarten immer kontextbezogener werden, wird mit der Diagnosetechnologie zunehmend die Konstruktionslogik technischer Systeme modelliert. Modellbasierte Diagnose gefährdet die Entfaltung umfassender Diagnosekompetenz, wenn sie zur alleinigen Leitlinie der Technikgestaltung wird. Nachhaltige Technikgestaltung erfordert vielmehr

- Systeme mit hybriden Ansätzen,
- evolutionäre und partizipative Entwicklung und
- modellbasierte tutorielle Assistenzsysteme.

# 4. Literatur

PUPPE, Frank:
  Problemlösungsmethoden in Expertensystemen.
  Berlin, Heidelberg: Springer Verlag, 1991.
  (Karlsruhe: Uni Habil.)

Beitrag B4.3

# Berufliche Handlungsfähigkeit in veränderlichen Handlungsfeldern kleiner und mittlerer Unternehmen

Sigrun Eichhorn
Peter Storz

## 1. Beruflichkeit und Innovation

Moderne Arbeit unterscheidet sich recht grundsätzlich von früheren Leitbildern, welche die Grundlage für die Entwicklung der Industrieberufe war. Ist Beruflichkeit noch erforderlich bzw. realisierbar, ist sie eher Innovationshemmnis oder -quelle? Ist von einer Erosion der Beruflichkeit auszugehen oder gibt es in der Arbeitswelt wachsende Anforderungen, denen nur über Aufwertung von Facharbeit und Facharbeiterqualifikation entsprochen werden kann? Zur Klärung dieses Problemfeldes werden in mehreren Projekten folgende Leitfragen untersucht:

- Was kennzeichnet Facharbeit in verschiedenen und wechselnden Innovationskontexten?
- Wie sind Facharbeit und Veränderung beruflicher Handlungsfelder in verschiedenen und wechselnden Innovationskontexten verbunden (Implikationszusammenhang)?

- Wie erfolgen Erwerb und Erhalt beruflicher Handlungsfähigkeit für und in solchen Innovationskontexten?

## 2. Facharbeit in kleinen und mittleren Unternehmen der Chemiewirtschaft

In der Chemiewirtschaft hat sich in den letzten rund zehn Jahren ein tiefgreifender struktureller Umbruch vollzogen, der weiter anhält und zu einer bisher beispiellosen inneren Differenzierung sowie Vielfalt führt und auf Berufsarbeit "durchschlägt". Folgende gebündelte Merkmale verdeutlichen die Tragweite des Einflusses auf Chemiearbeit:

- der Bedeutungszuwachs von Chargenprozessen zur Herstellung "intelligenzintensiver" Produkte im Vergleich zur kontinuierlichen Fließproduktion bei der Herstellung von Massenprodukten;
- enge Verbindung von (früher getrennten) Handlungsfeldern in Forschung und Entwicklung, kundenorientierter Produktion und Dienstleistung;
- Integration chemischer, physikalischer und biologischer Wirkprinzipien in diesen Handlungsfeldern und die daraus erwachsenden (interdisziplinären) Handlungsschnittstellen.

Das Verhältnis von Innovation als ein permanenter Gestaltungsprozess sowie Arbeit, Beruf und Lernen in solchen Handlungsfeldern sind Gegenstand unserer Untersuchungen. Dazu werden verschiedene Kontexte in kleinen und mittleren Unternehmen (KMU) als Fallstudien bearbeitet. Sie folgen einem berufswissenschaftlichen Ansatz, nach dem komplexe Arbeitszusammenhänge nicht nur beschrieben, sondern innovations- und lernwirksam mitgestaltet werden. Ausgehend von quantitativen Befunden (typische Entwicklungen der Branche, Aufgabenzuschnitte etc.) werden vor allem qualitative Methoden genutzt:

- Arbeits- und Bildungsakteure werden bei der (kooperativen) Analyse und Gestaltung von Arbeit und Bildung wissenschaftlich begleitet (Feldforschung).
- Analytische Beobachtung (z.B. Aufarbeitung von Prozessketten zur Offenlegung von Schwachstellen) wird mit kommunikativer Mitgestaltung (Prozessmonitoring für Arbeits- und Lernprozesse für kurze Optimierungszyklen) verbunden.

## 3. Berufsreproduktion und Gestaltung

Die an Facharbeit gebundene Leistungsvielfalt bei insgesamt kleiner werdenden "Losgrößen" erfordert flexible technisch-organisatorische Konzepte, die immer weniger längerfristiger antizipierbar als vielmehr kurzfristig (situativ) optimierbar sind und problemorientiertes Handeln erfordern. Die Fallstudien beschreiben solche Prozesse als Ineinandergreifen von Reorganisationsprozessen, daran gebundene technologischen Veränderungen und beruflichem Lernen (s. Abb. 1).

|  | Reorganisation | Technologische Veränderung |
|---|---|---|
| **Produktionsunternehmen** | Erstellung/Optimierung von Arbeitsanweisungen | ökologische Optimierung |
| **Laborunternehmen** | Flexibilisierung Qualifizierung problem- vs. funktionsorientierte Strukturen | informationstechnische Systeme Biotechnologien Produktionsanlagen und Laborausrüstungen |

Abb. 1: Fallstudien in kleinen und mittleren Chemieunternehmen

Komplexe Arbeitszusammenhänge, die zu gestalten sind, prägen den Inhalt beruflicher Arbeitsaufgaben in solch verschiedenen und wechselnden Innovationskontexten. Über sie kann das Innovationspotenzial von Facharbeit wirksam werden und zu neuen Kontexten "wandern". Lernerfordernisse und Lernprozesse entstehen im Prozess beruflichen Handelns.

"Gestaltung" (eine berufswissenschaftliche Kategorie) soll als Dimension komplexer Arbeitszusammenhänge, die Beruflichkeit in Berufsausübung und -aneignung reproduzieren kann, empirisch belegt sowie didaktisch verwertet werden:

- Komplexe Arbeitszusammenhänge konstituieren das berufliche Handlungsfeld in seiner Dynamik. Sie sind über Arbeitsaufgaben, die über die "Gestaltungsdimension" mit Innovationsprozessen der Arbeitswelt "korrespondieren", beschreibbar.

- Reproduktion von Beruflichkeit in Innovationskontexten erfordert Aufgaben, die (gestaltbare) komplexe Arbeitszusammenhänge erfahrbar machen (genetische Systematisierung/Differenzierung).

- Zur Bewertung von Lernerfordernissen, -potenzialen und -erfolgen soll ein (handlungstheoretisches) Stufenkonzept entwickelt werden, das die Gestaltungsdimension beruflicher Handlungsfähigkeit als Grundlage der Innovationskraft von Beruflichkeit einschließt.

Anhand von Fallsituationen lässt sich darstellen, welche Rolle Beruflichkeit in Innovationsprozessen hat und wie sie sich über die o.g. Zusammenhänge "reproduziert".

# 4. Literatur

RAUNER, Felix:
Der berufswissenschaftliche Beitrag zur Qualifikationsforschung und zur Curriculumentwicklung.
In: Berufliches Arbeitsprozesswissen. Ein Forschungsgegenstand der Berufsfeldwissenschaften.
Hrsg.: PAHL, Jörg-Peter.
Baden-Baden: Nomos Verlagsgesellschaft, 2000, S. 329-352.

STORZ, Peter; EICHHORN, Sigrun (Hrsg.):
Organisationales Lernen und Gestalten in kleinen und mittleren Unternehmen der Chemiewirtschaft.
Dresden. wbw Verlag für Wissenschaft-Bildung-Wirtschaft, 2001.

Sektion C

# Organisationsentwicklung

Beitrag C1.1

# Lernprozesse bei Veränderungen in Unternehmen

Sibylle Olbert-Bock
Peter Knauth

## 1. Veränderung und Lernen in Organisationen

Veränderungen in Unternehmen sind seit vielen Jahren ein zentrales Thema in der Organisationslehre. Die Dynamik auf den Märkten zieht in Unternehmen die Notwendigkeit nach sich, Strukturen, Abläufe oder andere organisationale Gegebenheiten immer schneller an die neuen Anforderungen anzupassen. Im Konzept des organisationalen Lernens wird die Meinung vertreten, dass Unternehmen insbesondere dann die Anpassungen leisten können, wenn es gelingt, das Potenzial zu nutzen, das aus einer lernenden Auseinandersetzung der Mitarbeiter mit den Veränderungsinhalten resultieren kann.

Für die Gestaltung von Veränderungsprozessen als Lernprozess scheint sich daher eine enge Anlehnung an organisationsentwickelnde Veränderungsstrategien anzubieten. Sie lassen sich als eine Folge des Partizipationsanspruchs durch die Merkmale Selbstorganisation und Lernen in Gruppen kennzeichnen.

## 1.1 Organisationales Lernen

Organisationales Lernen wird verstanden als Konzept zur Klärung von Lernprozessen in Unternehmen, wobei individuelles Lernen Voraussetzung eines Lernens auf organisationaler Ebene ist und bestehende Strukturen sowie die Unternehmenskultur eine wesentliche Rolle spielen.

In der pädagogischen Diskussion wird Lernen definiert als die verstehende Auslegung bzw. Auseinadersetzung eines Individuums mit seiner Umwelt. Sollen Lernprozesse analysiert werden, so muss man sich mit der Subjekthaftigkeit der "Betrachtungsobjekte" beschäftigen. Lernprozesse lassen sich nur dann verstehen, wenn der kulturell und durch Wertvorstellungen geprägte Hintergrund berücksichtigt wird. In organisationalem Kontext spielt die als Filter wirksame Unternehmenskultur dabei eine wichtige Rolle.

Die Träger eines Lernprozesses denken über den Sinn des Lernens nach, sowohl was ihre persönliche Entwicklung anbetrifft als auch die des Unternehmens. Sowohl die Möglichkeit, Lerninhalte als wichtig wahrzunehmen als auch die, erfolgreich an selbstorganisierenden und Gruppenlernprozessen teilzuhaben, steht in enger Wechselbeziehung zu strukturellen und unternehmenskulturellen Merkmalen, der Lernkultur im Unternehmen.

## 1.2 Modell zur Analyse von Lernprozessen

An ein Modell zur Analyse von Lernprozessen in Projekten der Organisationsentwicklung sind folgende Anforderungen zu stellen:

- Berücksichtigung einer individuellen und organisationalen Ebene,
- Betrachtung der Mitarbeiter als Subjekte eines Lernprozesses,
- Offenheit des Modells zur Erfassung des tatsächlichen Verlaufs,
- angemessene Komplexität und empirische Nachvollziehbarkeit.

Ein Modell, das diesen Anforderungen entspricht, ist in Abbildung 1 dargestellt.

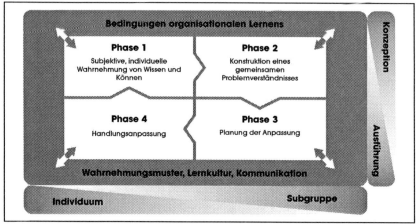

Abb. 1: Modell zur Analyse von Lernprozessen
(Quelle: Olbert-Bock 2002)

## 2. Fallstudie zu Prozessen organisationalen Lernens

Die Fallstudie bezieht sich auf ein Projekt der Organisationsentwicklung in einem mittelständischen Unternehmen der Autozulieferindustrie. Die Zielsetzung des Projektes ist primär die Verbesserung der innerbetrieblichen Abläufe. Die Analyse der Lernprozesse findet in zwei Schritten statt, an die sich eine zusammenfassende Interpretation der Ergebnisse anschließt.

- Schritt 1: Ermittlung und Interpretation der spezifischen Bedingungen organisationalen Lernens im Unternehmen; zwei schriftliche Befragungen (n = 112, Rücklauf 100 % bzw. n = 88, Rücklauf 83 %)
- Schritt 2: Betrachtung und Diskussion der vier Lernphasen in den Lerngruppen Logistik und Vertrieb des Projekts; Interviews, Beobachtungen, Kurzbefragungen.

## 2.1 Ergebnisse aus den Analysen

Eckpunkte der Analysen zur Unternehmenskultur und der Lernsituation im Unternehmen (Schritt 1) sind z.B.

- hohe Technologieorientierung, hohe durch die Mitarbeiter der technischen Bereiche wahrgenommene Mitarbeiterorientierung;
- eng auf die Funktion bezogene Informationsversorgung; hohe Freiräume der Mitarbeiter in der Aufgabenerledigung (Ausnahme Vertrieb);
- als zu gering eingeschätzte abteilungsübergreifende Kooperation und Konkurrenzdenken zwischen technischen und kaufmännischen Bereichen.

Was das bevorstehende Projekt der Organisationsentwicklung anbetrifft, so zeigt sich, dass der Wunsch nach Beteiligung mit wachsenden Anforderungen deutlich abnimmt. Der Wunsch nach

- Beteiligung in Veranstaltungen besteht zu 63 %,
- Mitgestaltung zu 52 %,
- Mitverantwortung zu 42 %.

Aus den Erhebungen des Schritts 2 gehen deutliche Parallelen zu den Befragungsergebnissen hervor, wie z.B.:

- Sowohl in der Lerngruppe Vertrieb wie auch Logistik beschränkt sich Selbstorganisation zunächst auf Lerninhalte, sie lässt sich aber später in der Lerngruppe Logistik auf den Lernweg ausdehnen.
- In der Lerngruppe Vertrieb kommt eine wirkliche Einigung auf ein gemeinsames Problemverständnis nicht zustande.
- Deutlich ist in beiden Lerngruppen auch, dass die beteiligten Individuen die jeweiligen Lernphasen unterschiedlich schnell erreichen.

Wirkliches "organisationales Lernen" hat letztlich nur in Bezug auf die Logistik stattgefunden (siehe Abb. 2).

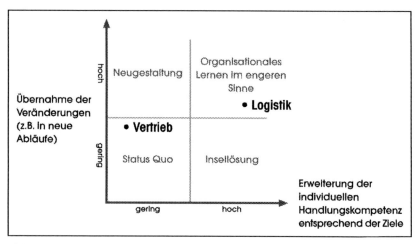

Abb. 2: Organisationales Lernen

## 2.2 Schlussfolgerungen für die Gestaltung von Veränderungen als Lernprozess

- Veränderungsstrategie, Lernsituation, tatsächliche Gestaltbarkeit sind im Vorfeld aufeinander abzustimmen.
- Persönliche Erwartungen der Beteiligten und organisationale Lösungen müssen abgeglichen werden, wenn die Veränderung als Lernen stattfinden soll.
- Selbstorganisationserwartungen und die spezifischen Bedingungen in der Organisation müssen stimmig sein.
- Die Art der Beziehungen zwischen Subgruppen machen unterschiedliche Gestaltung und Steuerung der Lernprozesse notwendig.

# 3. Literatur

OLBERT-BOCK, Sibylle:
Lernprozesse bei Veränderungen in Unternehmen.
Frankfurt/M. u.a.: Peter Lang, 2002.

Beitrag C1.2

# Erfahrungsbasiertes Wissen und experimentelles Lernen

Daniela Ahrens

## 1. Zwischen Veränderung und Bewahrung

Wir können derzeit beobachten, wie – angeregt durch die Beschreibung der Gesellschaft als "Wissensgesellschaft" – Organisationen die Art und Weise ihres Wissenserwerbs, ihrer Wissensverwendung und des Wissenstransfers zum Gegenstand organisationsinterner Reflektion machen. Stichworte wie "lernende Organisation", Reengineering der Geschäftsprozesse und Wissensmanagement knüpfen vielfach überoptimistische Erwartungen an die Entwicklungsfähigkeit von Organisationen. Organisationen wird ein hohes Maß interner Variabilität unterstellt – gleichwohl sind Organisationen jedoch von ihrer internen Handlungslogik immer auch auf Kontinuität ausgerichtet, um ihre Handlungsfähigkeit gewährleisten zu können.

Die Idee der lernenden Organisation bewegt sich somit in einem Spannungsfeld: Während Lernen auf Veränderung von Bisherigem abstellt, ist die Organisation in ihren Arbeitsabläufen und Entscheidungsstrukturen gleichsam auf Stabilität und Gewährleistung von Erwartungssicherheit gegenüber ihren Mitgliedern ebenso wie gegenüber der organisationsrelevanten Umwelt ausgerichtet. WEICK und WESTLEY (1996) sprechen in diesem Zusammenhang davon, dass sich hinter dem Begriff "Organisationales Lernen" ein Oxymoron verbirgt, also ein Terminus aus zwei sich widersprechenden Begriffen, denn: Während Lernen eher auf das Erzeugen von Vielfalt und das Explorieren abstellt, verstehen wir unter Organisieren in erster Linie Prozesse der Standardisierung und Regelhaftigkeit. Als ein immanent zeitlicher Prozess, und zwar nicht nur angesichts des in jüngster Zeit populär gewordenen Begriffs des "lebenslangen Lernens", oszillieren Lernprozesse stets zwischen Vergangenheitsbezügen und einer ungewissen Zukunft. Mit jedem Lernprozess – sei er nun erfahrungsbasiert oder auf abstraktem Wissen aufbauend – wird bisheriges transformiert, oder wie PROBST und BÜCHEL (1994, S. 51) es formulieren:

"Denn wo Wissen bewahrt wird, wird Lernen verhindert. Lernen '(zer-)stört' das bestehende Wissen in den gegenwärtigen Strukturen."

Der Organisationstheoretiker MARCH (1991) stellt neben der Relevanz des (vergangenheitsorientierten) erfahrungsbasierten Wissens die Kompetenz des Experimentierens heraus, denn: Lernen erfordert das Zusammenspiel von Wissen (exploitation) und Entdecken (exploration). Während einerseits Kompetenzgewinne aus der vermeintlich sicheren Quelle der Erfahrung, dem "Ausbeuten der Vergangenheit" (exploitation) zugunsten der Perfektionierung, Effizienzsteigerung etc. erzielt werden, zielt die Praktik der Exploration auf einen Lerntypus ab, der Kompetenzgewinne aus den Erkundungen einer unsicheren und unbekannten Zukunft bezieht und damit Unsicherheit und Nichtwissen stärker als bislang geschehen ins Kalkül ziehen muss (vgl. MARCH 1991). Organisationales Lernen steht somit vor der Herausforderung, zwischen Veränderung und Stabilität eine Balance zu finden, um weder in eine Kompetenzfalle noch in die Falle der Inkompetenz zu geraten:

"Lernen führt ... in Kompetenzfallen, die relevante (nicht so 'erfolgreiche') Alternativen ignorieren, und – in geringerem Maße – in Inkompetenzfallen, die relevante Alternativen zwar aufspüren, ihnen aber nicht genügend Aufmerksamkeit schenken (rapid learners)"
(JAPP 2000, S. 47).

Dies vor Augen drängt sich die Frage auf, wie sich der Bedeutungszuwachs des Erfahrungswissens in organisationale Lernprozesse integrieren lässt, ohne in eine Kompetenzfalle zu geraten.

## 2. Das Kontingentsetzen von Wissen

In der Konzentration auf den Faktor Wissen, dem Aufbau einer wissensbasierten Infrastruktur, die in der Organisation eine Kontrolle und Steuerung von Wissen ermöglichen soll, findet in jüngster Zeit eine verstärkte Hinwendung zum impliziten Wissen und Erfahrungswissen statt. Angesichts der Entzauberung wissenschaftlich-technischen Wissens und empirischen Forschungen über konkrete Arbeitsprozesse und Produktionsabläufe geht das Erfahrungswissen über ein besonderes Kontextwissen hinaus zugunsten komplexer sinnlich-körperlicher Wahrnehmungen und Empfindungen (vgl. z.B. BÖHLE u.a. 2001). Angesprochen werden damit weniger bestimmte Qualifikationen, sondern Kompetenzen und Kunstfertigkeiten, die sich in der Praxis ausgebildet haben.

Wie lässt sich dieses personengebundene Wissen an die Organisation rückbinden? In unserer Forschungsarbeit sind wir auf folgende Klippen gestoßen, die an dieser Stelle nur skizziert werden können:

- Mitarbeiter sind sich der Problemlösungsrelevanz ihres Wissens nicht immer bewusst; dies betrifft insbesondere Routinen und Erfahrungswissen, das als selbstverständliches Wissen aus der Zone der Aufmerksamkeit verschwindet und dazu führen kann, dass der Einzelne sich nicht darüber im Klaren ist, inwieweit sein Wissen zu Problemlösungen beitragen kann.

- Die kontextsensitive Wissensproduktion, die auf spezifische Anwendungssituationen reagiert, birgt das Risiko der schnellen Alterung in sich. Nicht die allgemeine Anerkennung des Wissens im Unternehmen, sondern die situative Akzeptanz steht im Vordergrund. Ein Wissen, das nur noch lokalisiert und kontextualisiert denkbar ist, ist jedoch stets den widersprüchlichen Erwar-

tungen, Infragestellungen und Widerständen der jeweiligen sozialen Umwelt unterworfen.
- Die Artikulation und Dokumentation des Wissens erweist sich als zu aufwändig im Verhältnis zu ihrem Nutzen und ihrer Übertragbarkeit.

Wenn Wissensvorteile sich zunehmend als Kontextvorteile im Sinne der lokalen Situiertheit und Rechtzeitigkeit erweisen, gewinnen interpretative Fähigkeiten an Bedeutung. Wenn konkrete Arbeitsprozesse einerseits als Nadelöhr bei der Generierung von Wissen fungieren, andererseits Lernprozesse in Gang setzen sollen, wird es zunehmend darum gehen, inwieweit es gelingt, situationsangemessen zu handeln und gleichzeitig über Schemata zu verfügen, die alternative Muster "zum Umschalten" bereitstellen. Dabei geht es weniger darum, keine Fehler zu machen, als darum, die richtigen Fehler möglichst frühzeitig zu machen bzw. Prozesse der Entroutinisierung in Gang zu setzen, um das Wissen kontingent zu setzen, oder wie es MARCH (2001) formuliert:

"Wenn Organisationen wirklich intelligent werden wollen, müssen sie lernen, sich Torheiten zu leisten."

## 3. Nachbemerkung

Die vorstehenden Überlegungen entstanden im Rahmen des Verbundprojektes SENEKA (Service-Netzwerke der Aus- und Weiterbildung). SENEKA ist eines von fünf Leitprojekten des BMBF zur "Nutzung des weltweit verfügbaren Wissens für Aus- und Weiterbildung und Innovationsprozesse". Projektträger ist das BIBB. Die Gesamtkoordination und Koordination der Forschungseinrichtungen liegt beim Lehrstuhl Informatik im Maschinenbau/Hochschuldidaktisches Zentrum (IMA/HDZ) der RWTH Aachen. Der Untersuchungsschwerpunkt liegt in der Durchführung von situationsangemessenen, d.h. an den aktuellen Arbeitsprozessen orientierten Lösungen zum Thema Wissensmanagement und einer damit verbundenen stärkeren Integration von Arbeits- und Lernumgebungen.

Neben der Analyse von Selbstdarstellungen der Unternehmen, wurden thematisch strukturierte Interviews mit Mitarbeitern sowie teilnehmende Beobachtungen in mittelständischen Unternehmen durchgeführt. Bei den Unternehmen handelte es sich um eine Softwarefirma, die auch Beratungen anbietet, um einen Handwerksbetrieb und um eine Produktionsfirma mit Tochterunternehmen im Ausland.

## 4. Literatur

BÖHLE, F.; BOLTE, A.; DREXEL, I.; WEISHAUPT, S.:
Grenzen wissenschaftlich-technischer Rationalität und "anderes Wissen".
In: Die Modernisierung der Moderne.
Hrsg.: BECK, U.; BONß, W.
Frankfurt/M.: Suhrkamp, 2001, S. 96-106.

JAPP, K. P.:
Risiko.
Bielefeld: transcript, 2000.

KROHN, W.:
Rekursive Lernprozesse: Experimentelle Praktiken in der Gesellschaft. Das Beispiel Abfallwirtschaft.
In: Technik und Gesellschaft.
Hrsg.: RAMMERT, W.; BECHMANN, G.
Frankfurt/M., New York: Campus Verlag, 1997, S. 65-91.
(Jahrbuch 9)

PROBST, G. J. B.; BÜCHEL, B. S. T.:
Organisationales Lernen.
Wiesbaden: Gabler, 1994.

MARCH, J. G.:
Wenn Organisationen wirklich intelligent werden wollen, müssen sie lernen, sich Torheiten zu leisten.
In: Zirkuläre Positionen 3.
Hrsg.: BARDMANN, T. M.; GROTH, T.
Opladen: Westdeutscher Verlag, 2001, S. 22-33.

WEICK, K.E.; WESTLEY, F.:
Organizational Learning: Affirming an Oxymoron..
In: Handbook of Organization Studies.
Hrsg.: CLEGG, S. R.; HARDY, C.; NORD, W. R.
London u.a.: Sage, 1996, S. 440-458.

Beitrag C1.3

# Kompetenzentwicklung durch den Einsatz simulationsunterstützter Planspiele

Jörg Fischer
Thorsten Vollstedt
Gert Zülch

## 1. Notwendigkeit innovativer Lernkonzepte

Aufgrund der hohen Dynamik des Marktes ergibt sich für Produktionsunternehmen die Notwendigkeit, ihre Infrastruktur laufend umzustellen und anzupassen. Dieser fortwährende Anpassungsprozess lässt sich nur durch ständiges Lernen der beteiligten Mitarbeiter und einer damit im Einklang stehenden kontinuierlichen Weiterentwicklung der betrieblichen Organisationsstruktur bewältigen. Durch die permanente Weiterentwicklung soll das Verharren in einmal festgelegten Strukturen vermieden werden. Der Weg wird damit zum Ziel, die Veränderung rückt als Leitsatz in den Vordergrund.

Vor diesem Hintergrund wird es immer vordringlicher, den Mitarbeitern Möglichkeiten anzubieten, mit denen sie Kompetenzen erlangen können, die es ihnen ermöglichen, in sich kontinuierlich verändernden Arbeitsformen zu bestehen. Es besteht also ein Bedarf dahingehend, innovative Lernkonzepte zu entwickeln, welche die Weiterbildung in Produktionsunternehmen nachhaltig unterstützen. Hier rücken kooperative Formen der Wissensvermittlung, wie sie z.B. in interaktiven Seminaren und Planspielen üblich sind, in den Vordergrund (vgl. GERLACH 2000, S. 387). Durch die Verteilung von Aufgaben und Rollen kann das Lernen des Einzelnen in kooperativen Arbeitsformen gezielt gefördert werden (vgl. ZÜLCH, BRINKMEIER, HEEL 1996, S. 201).

Durch den Einsatz von simulationsunterstützten Planspielen ist darüber hinaus eine Verkürzung der Rückkopplung zwischen Handlungen und Auswirkungen möglich. Dadurch kann die Rate der Erfahrungszunahme erhöht werden, da sich die Zyklen zwischen der Durchführung von Handlungen und dem Erkennen der daraus resultierenden Auswirkungen verkürzen. Insbesondere Simulationsplanspiele mit Rechnerunterstützung bieten aufgrund der Geschwindigkeit der Informationsverarbeitung und der Visualisierungsmöglichkeiten dem Lernenden die Möglichkeit, komplexe Zusammenhänge in kurzer Zeit aufzulösen.

## 2. Ein simulationsunterstütztes Planspiel für das Produktionsmanagement

Diesen Ansatz verfolgend wurden vom Institut für Arbeitswissenschaft und Betriebsorganisation (*ifab*) der Universität Karlsruhe im Rahmen des EU-Projektes CAESAR (Computer Aided Education with a Simulation Approach for the Redesign of Production Processes) auf Basis des personalorientierten Simulationsverfahrens FEMOS (Fertigungs- und Montage-Simulator) simulationsunterstützte Planspiele für die Anwendungsbereiche der Arbeitssteuerung und -strukturierung entwickelt. Diese werden im Rahmen von Weiterbildungsmaßnahmen auf dem Gebiet des Produktionsmanagements eingesetzt.

In den Planspielen wird den Teilnehmern die Möglichkeit gegeben, anhand einer Fahrradfabrik als repräsentatives Produktionsmodell grundlegende Steuerungs-, Controlling- und Gestaltungsmaßnahmen zu erproben (vgl. ZÜLCH, BRINKMEIER, JONSSON 1998, S. 26). Das Simulationsmodell der Fahrradfabrik wird während des Planspiels durch die Teilnehmer modifiziert. Hierdurch ist in einer verallgemeinerbaren Form die Vermittlung grundlegender produktionslogistischer Zusammenhänge möglich, die eine Übertragung von Gestaltungs- oder

Handlungsmustern auf das eigene Arbeitssystem anregen. In einer aktuellen Weiterentwicklung des Verfahrens wurde ein offenes Marktmodell eingeführt, über das der Erfolg oder Misserfolg einer Planspielgruppe in Form von Absatzzahlen zukünftiger Planungsperioden rückgekoppelt wird (vgl. ZÜLCH, FISCHER 2001).

## 3. Integration des Planspiels in ein ganzheitliches Lernkonzept

Die Realisierung einer reibungslosen operativen Abwicklung von Produktionsaufträgen verlangt einen bestimmten Planungs- und Steuerungsaufwand, der nur von adäquat qualifiziertem sowie flexibel einsetzbarem Personal bewältigt werden kann. Der Einsatz von unzureichend qualifizierten Mitarbeitern führt zu einer Mindernutzung von Ressourcen und somit zu einer Schwächung der Wettbewerbsfähigkeit (vgl. SPRINGER 1992, S. 3 f.). Insbesondere beruht eine mangelhafte Auftragsabwicklung vielfach auf einer unzureichenden Qualifikation des Personals und weniger auf fehlender Motivation, was zumeist fälschlicherweise angenommen wird (vgl. GÖTZ, HÄFNER 1991, S. 51).

Die Entwicklung eines ganzheitlichen operativen Lernkonzeptes auf Basis des beschriebenen Planspieles stellt vor diesem Hintergrund eine praktikable und effiziente Möglichkeit für eine bessere Sicherstellung des Qualifikationsstandes des Personals dar. Besonderes aussichtsreich ist ein solches Konzept, wenn es konzeptionell in den operativen Bereich eines Produktionsunternehmens integriert werden kann.

Der geführten Argumentation folgend erscheint es als ein vielversprechender Ansatz, die entwickelten Planspiele in die operative Realität eines Produktionssystems zu integrieren. Dafür bieten sich insbesondere die Arbeitsvorbereitung oder auch einzelne Teilefertigungs- und Montagesysteme an. Abbildung 1 zeigt den schematischen Aufbau eines solchen konzeptionellen Rahmens. Statt der im ursprünglichen Planspiel hinterlegten Fahrradfabrik wird bei der Integration das fallweise vorliegende Teilefertigungs- oder Montagesystem im Modell nachgebildet. Die Mitarbeiter können dann die Simulation dazu nutzen, zukünftige Fertigungssituationen abzuschätzen und Maßnahmen zu entwerfen, um das vorgegebene Auftragsprogramm unter Berücksichtigung der Vorgaben abzuarbeiten. Die Weiterbildung sollte dabei in Teams erfolgen, die in derselben Zusammensetzung jeweils auch einer realen Fertigungsgruppe entsprechen.

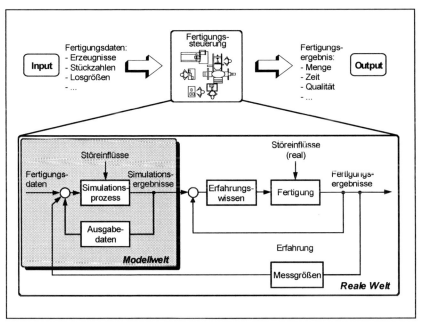

Abb. 1: Integrationskonzept für Lernprozesse in reale Fertigungsprozesse

Die Betreuung der Gruppen wird während der Weiterbildungsmaßnahme durch Schulungspersonal vorgenommen, das entsprechende Kenntnisse auf dem Gebiet des Produktionsmanagements und der Simulation besitzt. Das simulationsunterstützte Training erfolgt parallel zum operativen Tagesgeschäft der teilnehmenden Mitarbeiter, z.B. einmal wöchentlich am Ende der Arbeitszeit. So können kontinuierlich Strategien zur Arbeitssteuerung anhand aktueller Szenarien am Modell des eigenen Fertigungssystems erprobt und diskutiert werden.

Ergebnis ist die Festlegung von Strategien oder Regeln zur Arbeitssteuerung im konkreten Betrieb. Erfahrungen werden kumulativ in der Modellwelt, im realen Fertigungssystem und über den Vergleich der tatsächlichen mit den simulierten Fertigungsergebnissen gesammelt. Die Simulation wird also gleichzeitig als Schulungs-, Planungs- und Steuerungswerkzeug im Fertigungsbereich eingesetzt. Das vorgestellte Konzept unterstützt so die kontinuierliche Anpassung der vorhandenen Qualifikationen an sich ändernder Produktionsbedingungen.

## 4. Literatur

GERLACH, Horst H.:
Betriebliche Weiterbildung in Europa durch modulare Planspiele.
In: Didaktik der Technik zwischen Generalisierung und Spezialisierung.
Hrsg.: BADER, Reinhard; JENEWEIN, Klaus.
Frankfurt/M.: Verlag der Gesellschaft zur Förderung arbeitsorientierter Forschung und Bildung, 2000, S. 387-403.

GÖTZ, Klaus; HÄFNER, Peter:
Didaktische Organisation von Lehr- und Lernprozessen.
Weinheim: Deutscher Studien-Verlag, 1991.

SPRINGER, Gerd:
Simulationsgestützte Mitarbeiterausbildung am Beispiel der Fertigungssteuerung.
Düsseldorf: VDI-Verlag, 1992.
(Fortschritts-Berichte VDI, Reihe 2, Nr. 269)

ZÜLCH, Gert; BRINKMEIER, Bernd; HEEL, Jochen:
Lernen bei der Organisationsentwicklung durch den Einsatz von Simulationsverfahren.
In: Lernende Organisationen.
Hrsg.: BULLINGER, Hans-Jörg.
Stuttgart: Schäffer-Poeschel Verlag, 1996, S. 199-232.
(HAB-Forschungsberichte der Hochschulgruppe Arbeits- und Betriebsorganisation, Band 8)

ZÜLCH, Gert; BRINKMEIER, Bernd; JONSSON, Uwe:
Einsatz des personalorientierten Simulationsverfahrens FEMOS für Weiterbildungsmaßnahmen im Produktionsmanagement.
In: Industrie Management,
Berlin, 14(1998)4, S. 26-29.

ZÜLCH, Gert; FISCHER, Jörg:
Examination of the Educational Potential of a Market Similar Planning Game.
In: Experimental Learning in Industrial Management: Transference and Creation of Knowledge.
Hrsg.: CANO, Juan L.; SÁENZ, María J.
Zaragoza: AEIPRO - Asociación Española de Ingeniería de Proyectos, 2001, S. 179-193.

Beitrag C2.1

# Arbeiten am Betrieb

– Gestaltung von Organisation und Technik im Kontext beteiligungsorientierter Reorganisation

Reiner Schlausch

## 1. Partizipation als Voraussetzung für erfolgreiche Reorganisation

Bei der Reorganisation von bisher stark arbeitsteilig strukturierten Unternehmen erlangt die Umsetzung von integrierten Personal- und Organisationsentwicklungskonzepten in Verbindung mit der Gestaltung bedarfs- und nutzergerechter Technik eine hohe Bedeutung. Die erfolgreiche Veränderung solch komplexer sozio-technischer Systeme setzt ein gut funktionierendes Zusammenwirken sämtlicher betriebsinterner Arbeitsbereiche, die Kooperation mit externen Partnern (z.B. Zulieferbetriebe) und die Partizipation der Mitarbeiter voraus.

Im Rahmen eines Forschungs-und-Entwicklungsprojektes wurde bei einem mittelständischen Hersteller von kundenspezifischen Materialflusssystemen ein neues Produktionskonzept entwickelt, eingeführt und evaluiert. Im Mittelpunkt des Forschungsinteresses stand hierbei die Frage, wie durch eine beteiligungsorientierte Reorganisation das Erfahrungswissen der Beschäftigten genutzt werden kann, um zum einen Arbeitsplätze interessanter, abwechslungsreicher und lernförderlicher zu gestalten, und zum anderen die Wettbewerbsfähigkeit von Unternehmen zu steigern. Es ging in dem Vorhaben also u.a. um die

Untersuchung der Balance zwischen persönlichkeits- und effizienzorientierter Partizipation. Eine persönlichkeitsorientierte Partizipation ohne eine verbesserte Effizienz würde vom Management als kostenaufwendig und nutzlos eingeschätzt werden. Eine ausschließlich effizienzorientierte Partizipation wäre ebenfalls nicht denkbar, denn diese würde die Motivation der Beschäftigten zerstören. Das Eine ist also ohne das Andere nicht möglich, beide Interessen müssen ausbalanciert werden (MINSSEN 1997).

## 2. Zur beteiligungsorientierten Vorgehensweise

Die Reorganisation wurde von hierarchie- und abteilungsübergreifenden Projektgruppen in enger Zusammenarbeit mit externen Prozessbegleitern geplant, umgesetzt und bewertet. Mit Hilfe unterschiedlicher Methoden und Medien wurden die betrieblichen Akteure am Anfang des Veränderungsprozesses mit den gegenwärtigen Strukturen des Unternehmens und mit ihrer jeweiligen Arbeitssituation konfrontiert. Die alltäglichen Arbeitshandlungen wurden den Beteiligten damit unmittelbar "bewusst" gemacht.

Durch die gemeinsame Verständigung über den Ist-Zustand der Fertigungs- und Arbeitsorganisation, ehe die detaillierte Problemdefinition oder der eigentliche Problemlösungsprozess begann, sollte eine Sensibilisierung und Verständnisbildung erreicht werden. Diese hat für die Akzeptanz und Nachhaltigkeit der geplanten bzw. durchgeführten Veränderungen eine hohe Bedeutung.

Die Akteure brachten im Rahmen der unterschiedlichen Beteiligungsgruppen ihre Vorstellungen in die Gestaltung der Veränderungsprozesse ein. In den Teams wurden u.a. Vorschläge für das Fabriklayout, die Materiallogistik, die DV-Systeme und die Arbeitsplatzgestaltung entwickelt und allen beteiligten Akteuren präsentiert. Die Detailkonzeptionen und Umsetzungen wurden in ähnlicher Weise realisiert und anschließend umgesetzt. Die Evaluierung der reorganisierten Pilotbereiche erfolgte durch fragebogengestützte arbeitswissenschaftliche Analyseverfahren und mittels Methoden der kommunikativen Validierung im Rahmen von entsprechend gestalteten Workshops.

## 3. Ergebnisse

Die Erfahrungen aus dem Vorhaben verdeutlichen u.a. die Bedeutung des Erfahrungswissens von Facharbeitern und technischen Angestellten für die Reorganisation von Unternehmen. Auf der anderen Seite wurde deutlich, dass dieses Wissen aufgrund der starken Arbeitsteilung bei den jeweiligen Mitarbeitern lediglich in einem sehr speziellen Segment des Geschäftsprozesses vorliegt. Bei der Umgestaltung von Abläufen müssen daher die betrieblichen Akteure aus den verschiedenen Bereichen ihr jeweils spezifisches Erfahrungswissen in den Veränderungsprozess einbringen können, um letztlich eine optimale, von allen getragene Lösung zu entwickeln.

Die im Rahmen des Vorhabens praktizierte Vorgehensweise für die Partizipation von Facharbeitern und technischen Angestellten an den verschiedenen Phasen von Veränderungsprozessen hat sich in dem konkreten Fall äußerst bewährt. Im Zusammenhang mit der gewählten Implementierungsstrategie (breit angelegter, gemischter Top-down und Bottom-up-Ansatz), der vorherrschenden Unternehmenskultur (u.a. starkes, gegenseitiges Vertrauen von Mitarbeitern und Management) und den Beweggründen für die Reorganisation (chancen- anstelle krisengetrieben, u.a. ohne Personalabbau) scheint es sich um den richtigen Weg gehandelt zu haben. Dies ist mit Sicherheit allerdings nicht der "one best way". Bei anderen Konstellationen müssen gewiss auch andere Wege gesucht und gefunden werden.

Neue Produktions- und Arbeitsformen, die vermehrt auch in Klein- und Mittelbetrieben zum Einsatz kommen, erfordern einen neuen Mitarbeitertypus. Im Vordergrund steht nicht mehr die Anpassung der Beschäftigen an den permanenten technisch-organisatorischen Wandel, sondern die aktive (Mit-)Gestaltung der betrieblichen Veränderungsprozesse. Dies erfordert Partizipations- und Gestaltungskompetenz und hat damit unmittelbare Konsequenzen sowohl für die berufliche Erstausbildung als auch für die Weiterbildung (vgl. HÜBER, WACHTWEITL 2000). Die "Befähigung zur (Mit-)Gestaltung von Arbeit und Technik" (RAUNER 1988) wird sich u.a. vor diesem Hintergrund zu einer zentralen Aufgabe beruflicher Bildung entwickeln. Im Kontext der notwendigen Reformen in der beruflichen Bildung muss dies u.a. bei der Gestaltung von Ausbildungs- und Unterrichtsprozessen entsprechende Berücksichtigung finden.

## 4. Literatur

HÜBNER, C.; WACHTVEITL, A.:
> Vom Facharbeiter zum Prozeßgestalter. Qualifikation und Weiterbildung in modernen Betrieben.
> Frankfurt/M., New York: Campus Verlag, 2000.

MINSSEN, H.:
> Gruppenarbeit in der Fertigung – Probleme eines zukunftorientierten Konzepts.
> In: Lernen in der Organisation durch Gruppen- und Teamarbeit.
> Hrsg.: KRÖLL, M.; SCHNAUBER, H.
> Berlin, Heidelberg: Springer Verlag, 1997, S. 195-235.

RAUNER, Felix:
> Die Befähigung zur (Mit)Gestaltung von Arbeit und Technik als Leitidee beruflicher Bildung.
> In: Gestaltung von Arbeit und Technik – ein Ziel beruflicher Bildung.
> Hrsg.: HEIDEGGER, G.; GERDS, P.; WAISENBACH, K.
> Frankfurt/M., New York: Campus Verlag, 1988, S. 32-50.
> (Campus Forschung, Band 596)

Beitrag C2.2

# Künstliche versus menschliche Intelligenz in der computergestützten Diagnose

– Untersucht am Beispiel der Kfz-Diagnosesysteme

Felix Rauner

## 1. Fragestellung: Leitbilder und ihre Implikationen bei der Entwicklung und Einführung von programmgesteuerten Diagnosesystemen im Kfz-Sektor

Seit Anfang der 1990er-Jahre wurde im Kfz-Service-Sektor in die Entwicklung von wissensbasierten Diagnosesystemen investiert, um den sich seit Beginn der 1980er-Jahre abzeichnenden exponentiellen Zuwachs an objektivem Service-relevantem Wissen zu bewältigen. In einer Untersuchung des Wissenszuwachses in Kfz-Werkstätten wurde der Zuwachs an servicerelevantem Wissen auf der Basis der Service-Dokumentationen untersucht. Danach nimmt die Service-Dokumentation nach einer Exponential-Funktion zu.

Angesichts dieser sich abzeichnenden Entwicklung und der Einsicht, dass sich im Automobilsektor die Realisierung hoher Service-Standards als eine strategische Größe im internationalen Qualitätswettbewerb des Sektors herausbilden wird, wurde die Entwicklung und Einführung von Expertensystemen für den Kfz-Service in den letzten 15 Jahren mit Hochdruck vorangetrieben, obwohl sich die hohen Erwartungen, die in den 1980er-Jahren mit der Entwicklung von Expertensystemen verknüpft wurde, durchgängig enttäuscht wurden.

Der ökonomische Druck zur Entwicklung und Einführung wissensbasierter Werkzeuge für den Kfz-Service verschärfte sich durch die im selben Entwicklungszeitraum zu beobachtende Tendenz zur Einführung einer schlanken Service-Organisation, die auf einer drastischen Rücknahme der Spezialisierung in der Werkstattarbeit basiert. Anstelle einer Vielzahl spezieller Kfz-Berufe, wie es der exponentielle Zuwachs an Service-Wissen zunächst nahe legt, setzte sich der Kfz-Mechatroniker als Allround-Beruf, zunächst in den USA sowie später auch in Europa, durch. Die Auflösung dieses Widerspruchs zwischen Wissenszuwachs und Entspezialisierung bei den fachspezifischen Berufen soll über die Einführung von wissensbasierten Werkzeugen für den Kfz-Service gelingen.

## 2. Methodisches Vorgehen

Als Ausgangsmaterial für die Analyse dienen einerseits die vielfältigen Veröffentlichungen der Expertise- und Wissensforschung sowie andererseits die im Rahmen der Konferenzen der Arbeitsgemeinschaft der Hochschulinstitute für Gewerblich-Technische Berufsbildung (HGTB) präsentierten Forschungsvorhaben aus den Bereichen Qualifikationsforschung, Berufsforschung sowie den Arbeits- und Tätigkeitsanalysen.

Am Qualifizierungsumfang und an den Qualifizierungsinhalten im Kfz-Service-Sektor lässt sich ablesen, ob die durch das Entwicklungsziel vorgegebene Erwartung einer Substituierung von Fachkompetenz durch das Expertensystem eingelöst werden konnte. Als zentraler Indikator wurde dazu zunächst in einem Expertengespräch zwischen Entwicklern, Anwendern, Informatikern und Berufswissenschaftlern die Frage untersucht, ob die Einführung des wissensbasierten Diagnosesystems

- durch besondere Qualifizierungsmaßnahmen begleitet werden muss oder

- ob die Expertensystem-Qualität des Systems eine Qualifizierung der Benutzer erübrigt.

## 3. Untersuchungsergebnisse: Konkurrierende Leitbilder von Entwicklern und Nutzern und die Folgen

### 3.1 Qualifizieren für die Einführung der neuen Diagnosetechnik

Bei den Entwicklern dominierte die Einschätzung, dass die wissensbasierte Fehlerdiagnose als eine Erleichterung für das Arbeitshandeln in der Fehlerdiagnose gedacht sei und als eine deutliche Anhebung des Benutzerkomforts. Daraus folge: "Und wenn man für eine Fehlersuche eine Schulung braucht, dann ist irgend was an der Führung falsch. Aus meiner Sicht ist keine Schulung notwendig." Da die Einführungspraxis jedoch nachweislich bei allen Herstellern durch umfangreiche Qualifizierungsmaßnahmen gestützt werden musste, wurde von Seiten der Entwickler erläuternd auf die "Psychologie der Benutzer" verwiesen: "Aber jetzt kommt vielleicht ein psychologisches Moment ins Spiel. Die Leute sagen nämlich: 'Ich bin auf dem Gerät nicht geschult worden – ob es nun notwendig ist oder nicht – deshalb setze ich es auch nicht ein'."

Die Diskussion zwischen den Systemherstellern und –einführern zeigt, dass der Einführungsprozess von den Systementwicklern als ein Scheinproblem betrachtet wird. Bei Nutzern, "die mit klarem Verstand an das System herangehen", kann und sollte es keine Einführungsprobleme geben. Diese deterministische Sichtweise führt zu einer Unterschätzung der Systemeinführung als einem sozialen Prozess. Erst durch die Einführungspraxis, die sich deutlich schwieriger gestaltete als erwartet, wurden Einsichten in den Zusammenhang von technischer Innovation und der Veränderung von Arbeitsinhalten und -formen sowie den subjektiven Einstellungen der Nutzer gewonnen. Die Anwender konnten dagegen überzeugend darstellen, dass der Systemumfang des computergestützten Diagnose-Systems (CDIS) nur zu etwa zehn Prozent genutzt wird und dass sich bei fehlender Schulung höchst problematische Arbeitsroutinen verfestigen. In Abwägung der Argumente lässt sich schlussfolgern: Entscheidend für eine angemessene Nutzung der CDIS ist eine Systemschulung im Kontext der vielfältigen Anwendungen sowie die Möglichkeit, das neue Wissen dann auch praktisch anzuwenden.

## 3.2 Einführung des Computergestützten Diagnose-Systems als Organisationsproblem

Die Frage, ob durch Kooperation, Erfahrungsaustausch und Gruppenarbeit oder durch konsequente Einzelarbeit (mit dem Computergestützten Diagnose-Systems, CDIS) eine höhere Effizienz und Service-Qualität erreichbar ist, wurde je nach subjektiver Erfahrung der Betriebsleiter kontrovers diskutiert. Zwei Aussagen markieren diesen Gegensatz sowie die damit repräsentierten unterschiedlichen Entwicklungslinien bei der Organisation der Werkstattarbeit:

> "Heute ist im Grunde jedes Problem ein Einzelfall (Premierefall). Dieses Rumfragen und Kollegenfragen, 'Hast du das schon gehabt?' ist im Grunde tödlich, kostet einen Haufen Geld und viel Zeit. Dafür gibt es eben Systeme."

Ebenso entschieden wird die gegenteilige Position vorgetragen und begründet:

> "Bei uns ist das genau anders herum. Bei uns wird zusammengearbeitet, sogar noch gefordert. Wenn irgend jemand ein Problem hat und der Nächste geht hin und hilft ihm – das wird bei uns gefördert. Da gibt es viele Sachen, die der Einzelne mit dem Tester nicht herauskriegt."

Diese Kontroverse korrespondiert mit den Ergebnissen der internationalen Kfz-Service-Studie. Danach lässt sich sowohl nach dem Modell des Organisationstypus "Flexibler Allround-Service" als auch nach dem Typus des "Flexiblen Gruppen-Services" ein hoher Qualitätsstandard und höchste Produktivität erreichen. In den Vereinigten Staaten dominiert der erste, in Europa dagegen der zweite Typus. Dies liegt in den unterschiedlichen Traditionen des Arbeits- und Tarifrechtes begründet.

## 4. Zusammenfassung und Ausblick

Die CDIS-Einführung ist eine Notwendigkeit, die sich aus der Technologie der neuen Kfz-Modelle ergibt. Unter den Bedingungen einer hochentwickelten Kfz-Technik, der Modellvielfalt und der immer kürzer werdenden Innovationszyklen sind nahezu alle Diagnosefälle "Premierefälle". Ein für den Kunden und den Hersteller kalkulierbarer Kfz-Service setzt daher die Beherrschung der Premierefälle in der Fehlerdiagnose voraus.

Aus einer betont technozentrischen Sicht der Designer erübrigt sich jegliche Schulung an den neuen Systemen, da es ja gerade darum gehe, die Potenziale der künstlichen Intelligenz zu einer höheren Qualität und Bedienerführung zu nutzen. Schulungsbedarf wird aus dieser Sicht als Systemschwäche oder allenfalls zur Überwindung von Berührungsängsten interpretiert. Dieser Sichtweise steht durchgängig die Erfahrung der Werkstattexperten und der Einführungsforschung entgegen, die auf die Grenzen der künstlichen Intelligenz verweisen und von einer Zunahme der Qualifikationsanforderungen bei der Einführung von CDIS ausgehen. Dies erfordere dann

- die Erhöhung der tutoriellen Qualität der Diagnose-Technik (Lernen in der Mensch-Maschine-Interaktion),
- die Förderung des organisationalen Lernens durch Kooperation (Teamorganisation und Gruppenarbeit),
- (anwendungsbezogene) Trainingskonzepte.

Beitrag C3.1

# Unterschiede zwischen Lernkulturen in Unternehmen

– Erste Ergebnisse einer empirischen Studie zu neuen Lernkulturen in Unternehmen

Erika Spieß
Brigitte Geldermann
Heidi Hofmann
Ralph-Michael Woschée

## 1. Fragestellung des Forschungs- und Entwicklungsvorhabens

Das Projekt "Neue Lernkultur in Unternehmen" begleitet im Rahmen des Programms "Lernkultur Kompetenzentwicklung – Lernen im Prozess der Arbeit" (LiPA) des Bundesministeriums für Bildung und Forschung (BMBF) seit 01.01.2001 bis 31.12.2003 Unternehmensprojekte zur Entwicklung personaler und organisationaler Kompetenzen wissenschaftlich. Ziele sind die Moderation von Entwicklungsprozessen, die Vernetzung der Unternehmen, die systematische Reflexion und Evaluation der Projekte ebenso wie Transfermaßnahmen.

Unter dem Druck des globalen Wettbewerbs sind die Anforderungen an Mitarbeiter in den Unternehmen gestiegen. Dies erfordert von ihnen die Fähigkeit zum eigenständigen Erwerb arbeitsplatznahen Wissens ebenso wie zur Selbstorganisation und –reflexion. Das Arbeitsumfeld wiederum sollte entsprechende Lernmöglichkeiten und Handlungsspielräume bieten. Dem Projekt liegen Konzepte der Kompetenzen und Kompetenzentwicklung und Formen des selbstorganisierten Lernens zugrunde (z.b. ERPENBECK, HEYSE 1996).

## 2. Forschungs- und Entwicklungsmethode sowie Durchführung

Der Prozess wird durch eine dreimalige Längsschnittbefragung, Interviews, Reports und Dokumentenanalysen begleitet. Die erste Befragung fand 2001 statt und ist bereits abgeschlossen. Bei der Befragung von Mitarbeitern und Führungskräften stand der Gedanke der "Spiegelung" Pate, d.h. wie wird die in den Unternehmen initiierte Kompetenzentwicklung von den beiden Akteuren wahrgenommen? Das Kernstück des Fragebogens bilden die Fragen zur Kompetenzentwicklung in der Arbeit, die weitestgehend von den Fragebögen zu lernrelevanten Merkmalen der Arbeitsaufgabe (FLMA) und zum Lernen in der Arbeit (LIDA) übernommen wurden (z.B. RICHTER, WARDANIAN 2000). Die Mitarbeiter stufen ihre selbsteingeschätzten Kompetenzen ein, die Führungskräfte beantworten, wie sie die Kompetenzen ihrer Mitarbeiter fördern.

Der Fragebogen für die Mitarbeiter umfasst weiterhin noch Fragen zur Arbeit in der Gruppe, wie sie Unterstützung beim Lernen in der Arbeit erfahren, die Absichten für künftige Lernstrategien, Fragen zur Arbeitszufriedenheit sowie soziodemographische Antworten. Der Fragebogen für die Führungskräfte enthält noch zusätzlich Items zum Führungsstil und Führungsverständnis.

Das Design sieht drei Vergleiche vor: einen ersten Vergleich zwischen Mitarbeitern und Führungskräften, was die Einschätzung der Kompetenzentwicklung der Mitarbeiter anbelangt, einen Vergleich zwischen den verschiedenen Unternehmen und einen Vergleich über die drei geplanten Befragungszeitpunkte.

Durch eine weitere Wiederholungsbefragung im Herbst 2002 und durch die Hinzunahme einer Kontrollgruppe lassen sich bereits erste

Veränderungen durch die initiierten Organisationsentwicklungsprozesse feststellen. Die dritte und letzte geplante Befragung ermöglicht dann eine abschließende Bewertung der Maßnahmen.

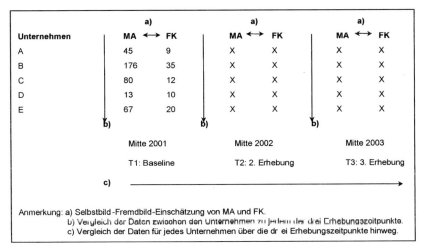

Abb. 1: Untersuchungsdesign zur Lernkultur bei der Kompetenzentwicklung

## 3. Ergebnisse und ihre wissenschaftliche Bedeutung

Die Ergebnisse der ersten Befragung zeigen Unterschiede in den verschiedenen Lernkulturen der Unternehmen, im Ausmaß der Arbeitszufriedenheit und in den Selbst- und Fremdbildern von Führungskräften und Mitarbeitern. So bietet ein Teil der Firmen signifikant lernrelevantere Arbeitsaufgaben und fördert ihre Mitarbeiter in deren Selbsturteil stärker hinsichtlich Partizipation und Selbständigkeit. Deren Mitarbeiter äußern auch eine höhere Arbeitszufriedenheit.

Diese Unterschiede finden sich ebenfalls in den qualitativ erhobenen Daten (Experteninterviews und Beobachtungen). Zu den Themen

Transparenz, Partizipation, Möglichkeiten der Weiterbildung und der Entwicklung am Arbeitsplatz geben Führungskräfte stets in einem höheren Ausmaß an, dass ihre Mitarbeiter z.B. ausreichend informiert sind oder dass sie Möglichkeiten haben, ihre Unzufriedenheit über die Arbeit auszudrücken. Auf Seiten der Mitarbeiter stellt sich dies jedoch nicht so positiv dar. Dies weist auf Kommunikationsdefizite in den Unternehmen hin.

## 4. Schlussfolgerungen für künftige Forschungsinitiativen

Die Ergebnisse werden zum Teil an die Unternehmensmitglieder zurückgespiegelt und setzen dadurch einen weiteren Reflexionsprozess in Gang. Dieser Prozess wiederum wird kontinuierlich wissenschaftlich begleitet. Es lassen sich aus den Ergebnissen Schlussfolgerungen für die Kompetenzentwicklungen in Unternehmen ableiten.

## 5. Literatur

ERPENBECK, John; HEYSE, Volker:
Berufliche Weiterbildung und berufliche Kompetenzentwicklung.
In: Kompetenzentwicklung 1996.
Hrsg.: BERGMANN, Bärbel u.a.
Münster: Waxmann, 1996.

RICHTER, Falk; WARDANIAN, Barbara:
Die Lernhaltigkeit der Arbeitsaufgabe. Entwicklung und Erprobung eines Fragebogens zu lernrelevanten Merkmalen der Arbeitsaufgabe (FLMA).
In: Zeitschrift für Arbeitswissenschaft,
Köln, 54(2000)3-4, S. 175-183.

Beitrag C3.2

# Partizipation und Empowerment als Beitrag zur praxisorientierten Organisationsentwicklung

Eva Sanders
Verena Heukamp

## 1. Partizipation und Empowerment

### 1.1 Projekthintergrund

Das Forschungsprojekt "Partizipation und Empowerment" (P & E), dessen Koordination das Zentrum für Lern- und Wissensmanagement, Lehrstuhl Informatik im Maschinenbau (ZLW/IMA) der RWTH Aachen übernommen hat, ist eine vordringliche Maßnahme des Bundesministeriums für Bildung und Forschung (BMBF); Projektträger ist das Deutsche Zentrum für Luft- und Raumfahrt (DLR). Während der Laufzeit von 2,5 Jahren untersucht das Verbundprojekt unter wissenschaftlicher Begleitung vom ZLW/IMA und der Sozialforschungsstelle Dortmund (sfs) die Fragestellung, welche Beteiligungs- (Partizipations-) und Befähigungs- (Empowerment-) Strukturen sich speziell in mittelständischen, innovativen Unternehmen bewährt haben. Von besonderem Interesse sind Maßnahmen der Personal- und Organisationsentwicklung, die selbstständiges und eigenverantwortliches Handeln auf allen Unternehmensebenen fördern und die Übernahme und Übergabe von Prozessverantwortung ermöglichen.

In zwei Untersuchungswellen werden je zehn Unternehmen unterschiedlicher Branchen als Fallstudien analysiert. Es werden geeignete Maßnahmen und Instrumente entwickelt, die in drei "Pilotfirmen" über die gesamte Projektlaufzeit erprobt werden. Ergänzend dienen intermediäre Dialog- und Transferforen dem gezielten Austausch über Sachfragen, indem internationale Erfahrungen und Erkenntnisse von Experten eingebunden werden.

## 1.2   Arbeitsdefinition

*Partizipation* steht für "Entscheidungsbeteiligung" (SCHOLL 1995) bzw. konkreter für die "aktive Mitwirkung der Betroffenen an allen Problemen, die ihre betriebliche Arbeit betreffen" (BECKER, LANGOSCH 1995, S. 19; SELL 1995). Im Rahmen des staatlichen Forschungs- und Aktionsprogramms "Humanisierung des Arbeitslebens" (HdA) wurde Beteiligung als Instrument zur Humanisierung des Arbeitslebens und der persönlichkeitsförderlichen Arbeitsgestaltung im Dienste der Mitarbeiter/-innen verstanden. Mit dem Aufkommen der Lean-Management-Konzepte wandelte sich Partizipation zum Instrument, um Innovationskraft, Effektivität und Effizienz des Unternehmens zu steigern.

Das US-amerikanische Managementkonzept des *Empowerments* soll "brachliegende" Potenziale und Fähigkeiten der Mitarbeiter/-innen zum Nutzen des Unternehmens erschließen. In "empowerten" Unternehmen lösen Mitarbeiter/-innen und Führungskräfte Probleme und treffen Entscheidungen, die traditionell höheren Managementebenen vorbehalten sind. Es findet eine Delegation von Prozessverantwortung, Entscheidungs- und Handlungsspielräumen statt.

Unter dem integrierten Konzept von *Partizipation und Empowerment* sind alle Maßnahmen und Rahmenbedingungen in Unternehmen zu verstehen, die auf die Übernahme und Übergabe von Prozessverantwortung auf allen Hierarchieebenen zielen.

## 2. Ergebnisse basierend auf der Datenerhebung im Projekt

### 2.1 P&E-Cluster

Um das Datenmaterial zielgerichtet analysieren und interpretieren zu können, wurde neben der Auswertung in Form von Fallstudien eine qualitative Inhaltsanalyse auf das Daten- und Textmaterial angewendet. Primäres Ziel war dabei die Datenreduktion. Die Bildung und Verwendung von Kategorien ist ein wesentliches Kennzeichen der Methode.

Bezogen auf die P&E-Projektergebnisse resultiert daraus ein System aus zwölf Oberkategorien (P&E-Cluster), die in Abbildung 1 dargestellt sind.

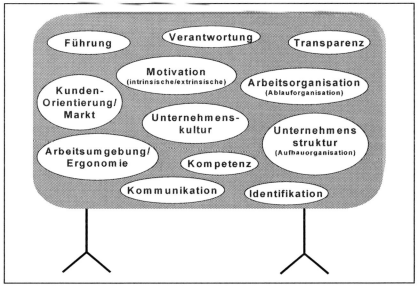

Abb. 1: P&E-Cluster

## 2.2 P&E als Führungsthema

Die Bedeutung des Themenkomplexes "Führung" (siehe Darstellung der "P&E-Cluster" in Abb. 1) hat sich im Verlauf der bisherigen P&E-Projektarbeit als besonders zentral erwiesen. So ist die Führungsaufgabe in Bezug auf Partizipation und Empowerment nicht damit erledigt, dass Mitarbeiter/-innen gegenüber – überspitzt formuliert – der Wunsch einer verstärkten Übernahme von Verantwortung geäußert und lediglich der Auftrag dazu erteilt wird.

Wie die Praxis gezeigt hat, müssen vielmehr vor allem Führungskräfte häufig zuerst erkennen, dass es sich bei Partizipation und Empowerment um einen wechselseitigen Prozess handelt. Dabei müssen Führungskräfte sowohl lernen, Verantwortung zu übergeben, als auch Mitarbeiter/-innen in die Lage zu versetzen, Verantwortung zu übernehmen.

Hierbei wird deutlich, dass sich das Konstrukt "Führung" aus einer Vielzahl von Facetten zusammensetzt. So ergibt erst die Summe von Aspekten und deren Wechselwirkungen das "Aussehen" des Phänomens "Führung" in seiner Gesamtheit. Zu diesen Teilaspekten zählen etwa: die Coachingfunktion von Vorgesetzten, deren Gestaltungsmöglichkeiten bezogen auf organisationale Rahmenbedingungen, die Frage nach hierarchischen wie rechtlichen Merkmalen einer Position, Aspekte von Macht und Autorität, Rollenverteilungen, Führungsstil und -verhalten sowie eine Reihe weiterer Aspekte.

Auf die Frage, wie diese verschiedenen Elemente von Führung gestaltet, unterstützt und "gelebt" werden sollten, um P&E-Prozesse zu ermöglichen, liefert das Projekt einige interessante "P&E-förderliche" Hinweise und Konzepte.

# 3. Literatur

BECKER, H.; LANGOSCH, I.:
Produktivität und Menschlichkeit: Organisationsentwicklung und ihre Anwendung in der Praxis.
Stuttgart: Enke, 4. Auflage, 1995.

HEES, F.:
Partizipation und Empowerment: Konzepte zwischen Selbstverwirklichung und (Selbst)Ausbeutung.
In: Arbeitsschutz im Wandel.
Hrsg.: Deutsches Zentrum für Luft- und Raumfahrt, Projektträger des BMBF "Arbeitsgestaltung und Dienstleistungen".
Bonn, 2002.

QUINN, R. E.; SPREITZER, G. M.:
The road to empowerment: Seven questions every leader should consider.
In: IEEE Engineering Management Review,
New York, 27(1999)2, S. 21-28.

SCHOLL, W.:
Grundkonzepte der Organisation.
In: Lehrbuch Organisationspsychologie.
Hrsg.: SCHULER, H; BRANDSTÄTTER, H.; BUNGARD, W..
Bern: Huber, 2. Auflage 1995, S. 409-444.

SELL, R.:
Beteiligungsqualifizierung - Ein Methodenhandbuch für die Vorbereitung und Durchführung von Beteiligungsprozessen zur Gestaltung von Arbeit und Technik.
Aachen: Verlag Mainz, 1995.
(Aachener Reihe Mensch und Technik, Band 11)

Beitrag C3.3

# Bildungsverbund Berufliche Qualifikation: pew@re

- Personalentwicklung als strategischer Wettbewerbsfaktor für kleine und mittlere Unternehmen

Petra Bonnet
Karin Eberle
Bernd Foltin

## 1. pew@re oder Praxis hilft Praxis

"Praxis hilft Praxis" – dieser Leitgedanke stand Pate für ein Pilotvorhaben, das die Projektgruppe "Frauen und berufliche Bildung" (eine Projektgruppe des beim Landesgewerbeamt Baden-Württemberg eingerichteten Landesarbeitskreises für berufliche Fortbildung) im Sommer 1999 konzipierte. Und dass dieses Leitbild das Interesse klein- und mittelständischer Unternehmen weckte, zeigte die große Resonanz auf eine Fragebogenaktion sowie die ersten Umsetzungen von betrieblichen Schulungen, die für weitere Untenehmen geöffnet wurden. Konzeptionelle Verfeinerungen und der Übergang aus dem ehrenamtlichen Engagement führten zur Entwicklung des Projektes pew@re, das der Bildungsverbund Berufliche Qualifikation (BBQ) und das Bildungswerk der Baden-Württembergischen Wirtschaft nun gemeinsam durchführen.

Die Konzentration auf die täglichen Geschäftsprozesse verhindert den Blick auf die strategische Zielsetzung einer an Organisationsveränderungen orientierten Personalentwicklung jedoch häufig. Fortbildung erfolgt bei Bedarf und wenig integriert in eine Gesamtkonzeption. Genau an diesem Punkt setzt pew@re an: Durch Netzwerke werden die vorhandenen einzelbetrieblichen Ressourcen genutzt, Energien gebündelt und Synergieeffekte erzielt.

Das Projekt richtet sich an kleine und mittlere Unternehmen aller Branchen in Baden-Württemberg, die in Zukunft Personalentwicklung durchführen bzw. optimieren wollen. Dabei soll bei der Umsetzung die Chancengleichheit auf dem Arbeitsmarkt berücksichtigt werden – "Gender Mainstreaming" wird gelebt.

Die wissenschaftliche Begleitforschung ermöglicht einen dauerhaften Abgleich zwischen Projektzielsetzungen und Projektprozessen. Dieses Vorgehen zielt auf eine größtmögliche Praxisrelevanz der Ergebnisse durch ständige Konfrontation der eingebundenen Projektpartner mit den Resultaten ab. Zudem gewährleistet die frühzeitige Einbindung unterschiedlicher Aspekte die Nachhaltigkeit der Projektergebnisse.

Ein zentraler Schwerpunkt des Projektes ist die Zusammenarbeit in so genannten "Firmenlernnetzwerken". In regelmäßigen Workshops werden gemeinsam Strategien entwickelt, die eine eigenständige Personalentwicklung ermöglichen. pew@re lebt von der aktiven Mitarbeit der Firmen. Es wird so aufgebaut, dass es auch nach Ablauf der offiziellen Projektlaufzeit von drei Jahren weiterbestehen kann. Für die Projektbeteiligten entstehen folgende Vorteile:

- die Teilnahme am "Lernnetzwerk" ersetzt zumindest teilweise eine Personalentwicklungsabteilung,
- Umsetzung aktueller Trends der Personalentwicklung,
- kostengünstiger Einsatz und dauerhafte Installation von professionellen Personalentwicklungsinstrumenten.

Begleitend zum Projektverlauf wurde eine Internetplattform eingerichtet (BBQ 2002). Aufbereitet wird hier Aktuelles zum Projekt und zu zentralen Themen im Bereich Personalentwicklung. pew@re wird durch den europäischen Sozialfond (ESF) und das Wirtschaftsministerium Baden-Württemberg als Landesprojekt gefördert, dadurch entstehen für die beteiligten Unternehmen vergleichsweise geringe Kosten. Unabdingbar ist lediglich die Freistellung einzelner Mitarbeiter für die Arbeit in den Lernnetzwerken, ebenso ein aktiver Wissenstransfer und Lernbereitschaft der Teilnehmenden.

## 2. Die Umsetzung im ersten halben Jahr

Neben dem Aufbau der Internetplattform stand die Akquise der teilnehmenden Unternehmen im Vordergrund. Für die Auftaktveranstaltung Ende April konnten bereits 48 Personen aus 37 verschiedenen Unternehmen für pew@re interessiert werden. 29 Firmen aus den unterschiedlichsten Branchen haben verbindlich ihre Teilnahme am Projekt zugesagt.

In ersten regionalen Treffen in Stuttgart, Mannheim und Ulm im Juni und Juli 2002 werden die Grundsteine für eine kontinuierliche Zusammenarbeit gelegt. Parallel dazu finden themenbezogene Workshops statt.

## 3. Ausblick über die weitere Vorgehensweise

Bis zum Jahr 2004 sollen sich 64 Firmen dem Netzwerk anschließen und von pew@re profitieren. Mehr als 19.220 Seminarstunden Schulungszeit sind vorgesehen. Dabei sollen alle entwickelten Instrumente in der Homepage www.peware.de dokumentiert und in der Praxis überprüft werden. So entsteht eine Datenbank der Personalentwicklung speziell für kleine und mittelständischee Unternehmen. Dieses Wissen soll für die beteiligten Firmen weiter nutzbar sein und pew@re soll sich als selbsttragendes Netzwerk etablieren.

Im weiteren Projektverlauf werden regionale Firmenlernnetzwerke aufgebaut, die sich mehr und mehr verselbständigen sollen. In diesen Arbeitsgruppen entwickeln die Personalverantwortlichen der beteiligten Firmen gemeinsam Konzepte und Maßnahmen und passen diese an ihre spezifischen Bedürfnisse an. Die Unternehmen erhalten somit eine maßgeschneiderte Personalentwicklung. Das parallel dazu entstehende Online-Handbuch zum Bereich Personalentwicklung wird als "Living Document" entstehen und gleichzeitig die Erfolge von Synergien und unternehmensübergreifenden Kooperationen dokumentieren. Die gewonnenen Erkenntnisse aus der Netzwerkarbeit sollen auf weitere Personalentwicklungsprojekte übertragen werden, denn: Kooperationen – auch strategischer Natur – können die Wettbewerbsfähigkeit von kleineren und mittleren Unternehmen erhalten und steigern. Projekte mit transparenten und praxiserprobten Ergebnissen helfen, diesen noch nicht vollständig etablierten Ansatz zu verfestigen.

"Praxis hilft Praxis" – die Leitmotivation des Projektes soll ständig im Mittelpunkt stehen und die Gestaltung und Umsetzung des übergeordneten Referenzmodells Personalentwicklung, in das die Workshops und Seminare eingebettet sind, vorantreiben.

## 4. Literatur

BBQ – Bildungsverbund Beruflicher Qualifikation:
    pew@re. Personalentwicklung mit kleinen und mittelständischen Unternehmen als strategischer Wettbewerbsfaktor.
    Internet: http://www.peware.de.
    Stand: 27.07.2002.

Beitrag C3.4

# Kompetenzentwicklung beim Bildungsträger

Barbara Mohr

## 1. Neue Anforderungen an Mitarbeiter beim Bildungsträger

### 1.1 Das Tätigkeitsprofil ändert sich

Bildungsträger müssen heute maßgeschneiderte Dienstleistungen für ihre Kunden anbieten. Dieser Wandel hin zum Bildungsdienstleister verändert die Tätigkeitsinhalte und –schwerpunkte der Mitarbeiter. Im Mittelpunkt der pädagogischen Tätigkeiten steht zukünftig die Bildungsplanung und die Begleitung von Lernprozessen und nicht mehr die Unterrichtsdurchführung.

Aufgrund der Kenntnisse und Kontakte "vor Ort" werden Mitarbeiter auch zunehmend in strategische Entscheidungen einbezogen: Bildungsberater, Kurs- oder Seminarleiter sollen nun Projektideen beurteilen, aktiv bei der Erschließung neuer Marktsegmente mitwirken und selbstständig Entscheidungen bzgl. der Erfolgsaussichten treffen.

## 1.2 Neue Qualifikationen sind gefordert

Den Mitarbeitern und Mitarbeiterinnen, Experten im (berufs-)pädagogischen Feld, fehlen oftmals die dafür notwendigen Kenntnisse, z.B. über neue Produkte und Dienstleistungen, Marktbedingungen und -entwicklungen, potenzielle Kunden, aber auch Organisations- und Prozesswissen. Da es bislang wenig Anleitung zum Agieren gibt – vieles beruht auf Erfahrungswissen – bleibt es häufig dem Eigenengagement der Mitarbeiter überlassen, mit den neuen Anforderungen zurechtzukommen.

Damit die Mitarbeiter ihre Fachkompetenz effektiv einbringen können, wenn es gilt, eigenverantwortlich Entscheidungen zu treffen, müssen sie sich selbstständig die notwendigen Kenntnisse aneignen können. Dazu brauchen sie Strategien des Lernens und der Informationsbeschaffung.

## 2. Neue Wege in der Personalentwicklung: Unterstützung bei der Entwicklung von Selbstlernkompetenz

### 2.1 Entwicklung von Selbstlernkompetenz bei der Übernahme neuer Aufgabenbereiche

Kernelement dieses Personalentwicklungskonzepts (PE-Konzept) ist die Anregung zur Selbstevaluation des eigenen Handelns. Über verstärkte Selbstreflexion sollen die Mitarbeiter beim Bildungsträger ihren Arbeitsplatz und ihr Arbeitsumfeld als Ressource für den eigenen Entwicklungs- und Arbeitsoptimierungsprozess nutzen können. Diese Selbstreflexionsprozesse helfen darüber hinaus zu erkennen, welche Fachkenntnisse und welche Schlüsselqualifikationen zur Bewältigung der jeweiligen betrieblichen Aufgabenstellungen gebraucht werden.

In moderierten Workshops wird der jeweilige Entwicklungsstand reflektiert, thematisch aufgearbeitet und die weiteren Schritte festgelegt. Hierbei liegt das "Navigationssystem für selbstständig lernende Mitarbeiter" zugrunde, das im Rahmen des Modellversuchs "Selbstständig lernen im Betrieb" des Bundesinstitut für Berufsbildung (BIBB) entwickelt wurde.

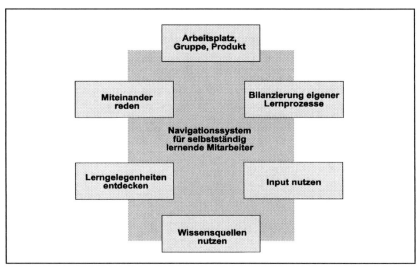

Abb.1: Navigationssystem für selbstständig lernende Mitarbeiter

## 2.2 Umsetzung des PE-Konzepts beim Bildungsträger

Die Umsetzung des PE-Konzeptes, das Mitarbeiter auf die Übernahme eigenverantwortlicher Aufgabenbereiche vorbereitet, lässt sich nahezu nahtlos in den Alltag beim Bildungsträger integrieren. Zur Bearbeitung aktueller Problemstellungen werden Lerngruppen gebildet, die sich aus Mitarbeitern unterschiedlicher Bereiche und Funktionen zusammensetzen. Aufgabe dieser Gruppe ist das gemeinsame Erarbeiten eines Lösungskonzepts für das definierte Problem. Zentrale Schritte sind dabei die Analyse der eigenen Arbeitssituation, Klärung von Schnittstellen(-problemen), Wissensmanagement bezüglich der Nutzung von Ressourcen im Unternehmen sowie Feststellen von spezifischen Lernbedarfen und Lernmöglichkeiten.

Über die Reflexion des eigenen Vorgehens und die Diskussion der Zwischenschritte machen sich die Teilnehmer bewusst, was für den eigenen Arbeitsfortschritt förderlich ist bzw. was ihn behindert, welche Wissensdefizite vorhanden sind und welche Möglichkeiten das Arbeitsumfeld bietet, diese zu beheben. Der Entwicklungsprozess wird von einem externen Bildungsexperten begleitet. Er moderiert die Reflexions-Workshops, gibt Anregungen und leistet, wo nötig, methodischen Input.

## 3. Erfahrungen mit dem Entwicklungskonzept – ein Praxisbeispiel

### 3.1 Vorbereitung auf neue Aufgabenfelder bei einem Bildungsträger

Im Rahmen des Modellversuchs "Bildungsträger in der Wissensgesellschaft" wurde das Lernkonzept mit einer Pilotgruppe, die sich aus Mitarbeitern zweier Niederlassungen eines Bildungsträgers zusammensetzte, in der Praxis erprobt. Aufgabenstellung war hier die Entwicklung von Entscheidungskriterien für die Beurteilung neuer Geschäftsfelder.

Dem Konzept entsprechend – Bearbeitung der Problemstellung selbstorganisiert, jedoch mit Unterstützung durch externe Experten, gemeinsame Reflexion der Entwicklungsschritte, um sich das eigene Vorgehen bewusst zu machen – konnten sich die Mitarbeiter Methodenkompetenz aneignen, die ihnen Sicherheit verschafft beim Beurteilen neuer Projekte und Aufgabenbereiche.

# 4. Literatur

MOHR, Barbara; KRAUSS, Alexander:
Lernprozesse im Betrieb anregen und gestalten. Selbstevaluation der Beschäftigten als Kernelement arbeitsplatznahen Lernens.
Augsburg, München: MEV Verlag, 2001.

MOHR, Barbara; KRAUSS, Alexander:
Selbstständig lernen im Betrieb - wie mache ich das?
Augsburg, München: MEV Verlag, 2001.

GELDERMANN, Brigitte; MOHR, Barbara:
Selbstständig lernen im Betrieb: Erste Erfahrungen aus der Praxis.
In: Auf dem Weg zur Lernenden Organisation. Lern- und Dialogkultur im Unternehmen.
Hrsg.: BAU, Henning; SCHEMME, Dorothea.
Bielefeld: W. Bertelsmann Verlag, 2001, S. 158-167.

Beitrag C4.1

# Organisationsinterne Kommunikationsprozesse und ihr Bedeutung für Partizipation und Empowerment

Christiane Michulitz
Ingrid Isenhardt

## 1. Einleitung

Im Rahmen des Verbundprojektes "Partizipation und Empowerment" (P & E), dessen Projektträger das Deutsche Zentrum für Luft- und Raumfahrt (DLR) ist, werden am Zentrum für Lern- und Wissensmanagement der RWTH Aachen von Mai 2000 bis zum November 2002 insgesamt 24 Unternehmen auf ihre Arbeits- und Organisationsform sowie die dahinter liegende Anpassung an den strukturellen Wandel in unserer Gesellschaft untersucht. Dieses Verbundprojekt ist eine vordringliche Maßnahme innerhalb des Rahmenprogramms des "Innovative Arbeitsgestaltung – Zukunft der Arbeit" des Bundesministeriums für Bildung und Forschung (BMBF).

Neben Faktoren wie Verantwortung, Führung, Motivation und Transparenz spielt die unternehmensinterne Kommunikation im Projekt P & E eine Schlüsselrolle. Um zu verstehen, wie Mitarbeiter und Mitarbeiterinnen in die Lage versetzt werden, Verantwortung übernehmen zu können, und Führungskräfte in die Lage versetzt werden, einen Teil ihrer Verantwortung abzugeben und damit für die Befähigung aller zu wirken, werden im Projekt die organisationsinternen

Strukturen untersucht und in ihrer Wirkung auf die Handlungsfähigkeit der Einzelnen analysiert. Besonders in wissensintensiven Branchen manifestiert sich diese Handlungsfähigkeit durch Sprache: Das Gesprochene ist neben dem Geschriebenen die unternehmenskonstitutive Tat und nur indem das, was getan wird, verbalisiert wird, gewinnt es Bedeutung für die Organisation.

## 2. Kommunikationsprozesse analysieren

### 2.1 Theoretischer Hintergrund

Sprachliche Äußerungen sind vor dem Hintergrund der Sprechakttheorie (AUSTIN 1972) Handlungen. Jeder Sprechakt hat neben seinem Informationsgehalt (kommunikative Funktion) einen Beziehungsaspekt (kognitive Funktion). Die kognitive Funktion von Sprache (JÄGER 1997) ist insofern von großer Bedeutung für Organisationen, als dass sie identitätsbildend für das System ist. Im Dialog werden nicht nur Informationen ausgetauscht, sondern auch ein gemeinsames Weltbild über den gegebenen Inhalt entwickelt. Wie dieses Weltbild überhaupt aussehen kann, hängt von den Möglichkeiten ab, die das System den Akteuren einräumt. Durch die Gestaltung der Rahmenbedingungen der Organisation wird Anschlussfähigkeit in Form von Kommunikationen (LUHMANN 1984) gegeben bzw. ausgeschlossen. Für die Entwicklung von Organisationen ist die Frage nach Entstehen und Steuerbarkeit von Anschlussfähigkeit erheblich.

Um diese beiden Frage zu beantworten, müssen zunächst die Rahmenbedingungen für die Kommunikationsprozesse identifiziert werden. Das OSTO-Modell (der Osto-Systemberatung GmbH, Aachen; HENNING, MARKS 1997) untergliedert Organisationen in acht Gestaltungskomponenten (Teilsysteme), die durch ihre Ausprägungen die Voraussetzung für Anschlussfähigkeit bieten. Um zu verstehen, wieso einige Bedingungen stärker anschlussfähig sind als andere und daher eher als Ansatz zur Steuerung des Systems dienen, muss außerdem geklärt werden, welche Wechselwirkungen die Rahmenbedingungen in der Organisation aufeinander haben (ISENHARDT 1994). Die Sensitivitätsanalyse (VESTER 1983) kann dabei als Tool für die systemische Diagnose dienen.

## 2.2 Methode

In allen am Projekt P & E beteiligten Best-Practise-Firmen wurden anhand von Einzelinterviews Daten für die OSTO-Diagnose gesammelt. Dabei wurden die für die unternehmensinterne Kommunikation relevanten Rahmenbedingungen identifiziert.

Die sich daraus ergebende detaillierte Liste mit Design-Elementen diente als Basis, um in Mitarbeiterworkshops mit Hilfe der Sensitivitätsanalyse die sensibelsten Steuergrößen für die Kommunikationsprozesse in der jeweiligen Organisation zu identifizieren. Diese Steuergrößen sind die Ansatzpunkte für die Weiterentwicklung der Kommunikationsprozesse in der Organisation.

## 2.3 Ergebnisse

Wie erwartet sind die Ausprägungen der verschiedenen Design-Elemente und damit die sensiblen Steuergrößen für die Kommunikationsprozesse ebenso verschieden wie die untersuchten Unternehmen. Allerdings waren folgende Design-Elemente über die unterschiedlichen Firmen hinweg immer wieder im Fokus des Interesses. Sie können in der Praxis als Analysehilfe bei der Verbesserung interner Kommunikation dienen:

- Gestaltung von Hierarchieverhältnissen,
- Prinzipien der Personalauswahl,
- Weitergabe von Neuigkeiten,
- Aufgabenzuschnitt der Mitarbeiter,
- Verteilung von Macht,
- räumliche Gegebenheiten,
- Gestaltung der Arbeitszeit,
- Anerkennung bestimmter Problemlöseverhalten.

## 3. Zusammenfassung

Im BMBF-Projekt Partizipation & Empowerment wird mit systemischen Instrumenten versucht, unternehmensinterne Kommunikationsprozesse über die Analyse der Rahmenbedingungen zu erfassen. Dabei wird vor allem der Einfluss nicht-sprachlicher Größen auf sprachliche Prozesse und deren Wechselwirkungen aufeinander deutlich. Diese sensiblen Steuergrößen dienen als Ansatzpunkte für die Weiterentwicklung der Organisation mit Hilfe von Kommunikationsentwicklung.

## 4. Literatur

AUSTIN, John:
   Zur Theorie der Sprechakte.
   Stuttgart: Reclam, 1972.

HENNING, Klaus; MARKS, Siegfried:
   Kommunikations- und Organisationsentwicklung.
   Aachen: Verlag der Augustinus Buchhandlung, 1992.
   (Aachener Reihe Mensch und Technik, Band 1)

ISENHARDT, Ingrid:
   Komplexitätsorientierte Gestaltungsprinzipien für Organisationen – dargestellt an Fallstudien zu Reorganisationsprozessen in einem Großkrankenhaus.
   Aachen: Verlag der Augustinus Buchhandlung, 1994.
   (Aachener Reihe Mensch und Technik, Band 9)

JÄGER, Ludwig:
    Die Medialität der Sprachzeichen. Zur Kritik des Repräsentationsbegriffs aus der Sicht des semiologischen Konstruktivismus.
    In: Kunst und Kommunikation. Betrachtungen zum Medium Sprache in der Romania.
    Hrsg.: LIEBER, M.; HIRDT, W.
    Tübingen: Stauffenburg-Verlag, 1997, S. 199 - 220.

LUHMAN, Niklas:
    Soziale Systeme. Grundriß einer allgemeinen Theorie.
    Frankfurt/M.: Suhrkamp, 1984.

VESTER, Frederic:
    Ballungsgebiete in der Krise. Vom Verstehen und Planen menschlicher Lebensräume.
    München: Deutscher Taschenbuch Verlag, 1983.

Beitrag C4.2

# Dauerhaft integrierte lernende Organisation als prozessorientiertes Qualifizierungsnetzwerk
– Der Modellversuch DILO

Ingrid Isenhardt
Eva Preuschoff
Gero Bornefeld

## 1. Ausgangssituation

Viele Betriebe initiieren in den letzten Jahren zur Standortsicherung verstärkt Veränderungsprozesse. Dies stellt insbesondere die Mitarbeiter vor neue Anforderungen, da sie diese Prozesse mittragen müssen. Veränderungsprozesse müssen somit durch Qualifizierung der Mitarbeiter unterstützt werden.

Auch in den John Deere Werken Mannheim gab es seit Anfang der 90er-Jahre vielfältige Projekte und Reorganisationsmaßnahmen (Segmentierung der Fabrik, Einführung von Gruppenarbeit, Verflachung der Hierarchie, Outsourcing u.a.m.), die den Standort sichern sollten. Damit einher gingen verschiedenste Qualifizierungsmaßnahmen und die Einführung struktureller Komponenten, die das "Mitwachsen" und die entsprechenden Lernprozesse bei den Mitarbeitern sichern sollten. Dies waren z.B. überfachliche Qualifizierungen für Produktionsmitarbeiter, Initiierung eines Kontinuierlichen Verbesserungsprozesses (KVP) und Einsatz von Prozessbegleitern.

Die Aktivitäten, die allerorten im Betrieb entstanden, brachten durchschlagende Erfolge, implizierten aber auch weitere Probleme. An vielen Stellen waren einzelne Akteure und Bereiche aktiv, deren Abstimmung jedoch eher gering war. Es mangelte an einer übergreifenden Koordinierungs- und Kooperationsstrategie, die sämtliche Maßnahmen sinnvoll und auf ein übergeordnetes Ziel ausrichtete. Dies entstand erst sukzessive im Prozess: die lernende Organisation – DILO.

Vor diesem Hintergrund wurde das alle Unternehmensbereiche übergreifende Projekt "Dauerhaft integrierte lernende Organisation" (DILO) initiiert, das Modellcharakter auch für andere Betriebe haben soll. Die wissenschaftliche Begleitung des Projektes erfolgt durch das Zentrum für Lern- und Wissensmanagement, Lehrstuhl Informatik im Maschinenbau (ZLW/IMA) der RWTH Aachen sowie durch die Mensch Arbeit & Technik Sell & Partner GmbH (MA&T), Aachen.

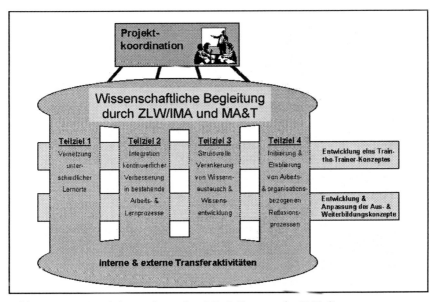

Abb. 1: Projektstruktur des Modellversuchs DILO

## 2. Ziele des Modellversuchs

Ziel des Modellvorhabens ist die nachhaltige und wechselseitige Integration betrieblicher Arbeits-, Lern- und Veränderungsprozesse, wobei die Vernetzung der Lernorte ein zentrales Strukturelement darstellt. Im Modellversuch wird ein prozessorientiertes Weiterbildungskonzept entwickelt und systematisch erprobt, das konsequent und lernortübergreifend zugleich individuelle, gruppenbezogene und organisationale Lernprozesse fördert und strategisch ausrichtet. Dabei werden vielfältige Qualifizierungsmaßnahmen mit Aspekten der Organisationsentwicklung verknüpft. Zur Umsetzung der einzelnen Teilziele (siehe Abb. 1) wurden Verantwortliche sowohl vom Unternehmen als auch der wissenschaftlichen Begleitforschung eingesetzt. Des Weiteren wurden zur inhaltlichen Ausarbeitung mehrere Projektteams initiiert, um den beteiligungsorientierten Ansatz umzusetzen.

## 3. Ergebnisse aus dem Modellversuch

In der bisherigen Projektlaufzeit konnten bereits zahlreiche Umsetzungen erfolgen. So wurde ein Seminarkonzept im Industrial Engineering erprobt, das gerade hier den Wissenstransfer zwischen Personen, Funktionen und Bereichen unterstützen soll. Weiterhin wurde ein Azubi-Trainee-Programm initiiert, das den Auszubildenden eine frühzeitige Integration in ihre zukünftige Arbeitsgruppe ermöglicht. Für die Einführung neuer Mitarbeiter wurde ein neuer Prozess ausgearbeitet, der eine systematische Einarbeitung mit gleichen Basisinhalten sowie die Darstellung der Unternehmensziele und der dazugehörigen Prozesse beinhaltet.

Die Integration der kontinuierlichen Verbesserung ist auf unterschiedlichen Ebenen geplant. Zum einen sollen KVP-Projekte in unterschiedlichen Unternehmensbereichen initiiert werden, gleichzeitig wird aber auch über die prozessorientierte Gestaltung der Arbeitsabläufe eine strukturelle Verankerung erfolgen.

Schließlich wurde ein Teamaudit entwickelt, das den Prozess der Einführung und Weiterentwicklung der Gruppenarbeit im Angestelltenbereich durch eine zeitlich flexible Evaluierung der Teamentwicklung zu unterstützen soll. Derzeit entwickelt eine Arbeitsgruppe einen geregelten Prozess, der helfen soll, den bei personellen Veränderungen auftretenden Wissensverlust zu minimieren und das entscheidende Wissen im Unternehmen zu erhalten.

Die Ergebnisse dieses Modellversuches sind zunächst für Unternehmen mit ähnlich gelagerten Problemstellungen interessant. Sie erhalten handlungsorientierte Anregungen zur Weiterentwicklung eigener Aus- und Weiterbildungsaktivitäten und insbesondere auch den Zugriff auf im Projekt entwickelte Methoden und Instrumentarien. Weiterhin sind die Resultate für überbetriebliche Institutionen, die sich mit Aus- und Weiterbildung auseinandersetzen, von Bedeutung. Sie erhalten praxisrelevante Hinweise für überbetriebliche Bildungsaktivitäten. Konsequenzen bzw. sich verändernde Anforderungen werden deutlich aufgezeigt.

## 4. Literatur

HARTMANN, Ernst; MÜLLER, Dirk; UNGER, Helga:
Auf dem Weg ins Lernende Unternehmen.
In: Weiterbildung als kooperative Gestaltungsaufgabe.
Hrsg.: HOFFMANN, T.; KOHL, H.; SCHREUERS, M.
Neuwied: Luchterhand, 2000.

HONECKER, Nele; MÜLLER, Dirk; UNGER, Helga:
Dauerhaft Integrierte Lernende Organisation in den John Deere Werken Mannheim.
In: Auf dem Weg zur lernenden Organisation.
Hrsg.: BAU, Henning; SCHEMME, Dorothea.
Bielefeld: W. Bertelsmann Verlag, 2001.

Beitrag C4.3

# Management von Innovationen in Zeiten von Dynamik und Instabilität

Franz Josef Heeg
Gabriele Schwarz
Marita Sperga

## 1. Das Forschungs- und Entwicklungsvorhaben

Im Rahmen zweier Forschungsprojekte des Bundesministeriums für Bildung und Forschung (BMBF)

- "Kompetenzentwicklung für den wirtschaftlichen Wandel - Strukturveränderungen betrieblicher Weiterbildung: betriebliche Entwicklungsprojekte mit wissenschaftlicher Begleitung" (1996 bis 2000) und
- "Lernen im Prozess der Arbeit - Best Practice Beispiele" (2001 bis 2004)

in der Projektträgerschaft der Arbeitsgemeinschaft Betriebliche Weiterbildungsforschung e. V. (ABWF) wurde bzw. wird die wissenschaftliche Begleitung mit der Zielstellung durchgeführt, die Wirkungen technisch-organisatorischer Innovationen in den Unternehmen auf die Kompetenz und Kompetenzentwicklung von Beteiligten und Betroffenen zu erfassen, zu dokumentieren, zu bewerten und verallgemeinerungsfähige, übertragbare Schlussfolgerungen zu ziehen. Hierzu werden insgesamt 12 Unternehmen verschiedener Branchen und Größenordnungen bei Veränderungsvorhaben begleitet (HEEG u.a. 2002).

Gemäß dem Forschungsdesign der wissenschaftlichen Begleitung müssen die Evaluationskonzepte sowie Vorgehensweisen und Methoden zur Evaluation theoretisch fundiert sein, wobei als Basistheorien

- Systemtheorie,
- Handlungs-/Regulations-Theorien und
- Selbstorganisationstheorien

betrachtet werden sollen, die durch Referenztheorien wie Neurolinguistische Programmierung, Themenzentrierte Interaktion und entsprechende Instrumentarien und Hilfsmittel ergänzt werden. Ein besonderer Schwerpunkt wird dabei auf synergetische Modelle gelegt (siehe SCHIEPEK u.a. 1998, 1999; BÖSE, SCHIEPEK 2000).

## 2. Forschungs- und Entwicklungsmethode sowie Durchführung

Neben den üblichen Forschungsmethoden, wie Dokumentenanalyse, Beobachtungen, Expertengespräche und leitfragengestützte Interviews, werden zur Evaluation der individuellen und interpersonellen Kompetenzentwicklung die nachfolgend genannten Instrumente eingesetzt.

### 2.1 Projektaufstellungen

Projektaufstellungen (KIBED, SPARRER 2000; HORN, BRICK 2001; GROCHOWIAK, CASTELLA 2002) dienen der bewussten und unbewussten Darstellung von Projektzusammenhängen, von Projektsystemen sowie der Wechselwirkungen von Elementen des internen Systems, wie Visionen, Zielen, vermuteten Problemen, Hemmnissen und Kausalitäten, zu externen Systemen. Mit Aufstellungen wird die Dynamik des betreffenden Projektes aufgezeigt. Durch die Anordnung der Items wird den Aufstellern und anderen Beteiligten (beobachtende

Projektbeteiligte) ein Zugang zu entscheidenden Veränderungsmöglichkeiten eröffnet. Sie stellen eine räumliche Metapher her, die oft zu schnellen und tiefgreifenden Einsichten verhelfen, Lösungen und Veränderungen zu finden. Die Methode hat sich bewährt, einen anderen Überblick über das Projekt zu erhalten. Das betrifft zum einen inhaltliche Schwerpunkte und deren Präzisierungen, zum anderen auch die Gruppendynamik und Emotionen, Beziehungen zwischen den Betroffenen und deren unterschiedliche Sichtweisen, Ziele, Visionen bei der Projektbearbeitung.

Im Gegensatz zu kognitiven und eher sachlogischen Vorstellungen und Herangehensweisen, wie sie bei den traditionellen Demonstrationen und Präsentationen üblich sind, können so implizite Projektstrukturen und Vorgänge sowie den Beteiligten nicht unmittelbar bewusste Haltungen (weitgehend ungeachtet ihrer Außenwirkung) sichtbar und damit zugänglich gemacht werden. Die Aufstellenden erhalten neue Erkenntnisse über ihr eigenes sowie das System-Verhalten und kommen so zu neuen Lösungen für ihr Anliegen.

## 2.2 Evaluation persönlicher Konstrukte (ERP) und Bewertung der "logischen Ebenen"

In angemessenen Abständen, die sich nach dem Veränderungsfortschritt des jeweiligen Projektes richten, werden mit Blick auf identifizierte und eindeutig beschriebene relevante Situationen für den Veränderungs-Prozess-Fortschritt die Handlungen des Einzelnen im Rahmen von EPK-Interviews erfasst, analysiert und bewertet (HEEG u.a. 2002) sowie in Relation zu den "logischen Ebenen" nach DILTS (1985) gesetzt. Die veränderte Handlung wird dabei als sichtbare und im betrieblichen Kontext wirksam werdende Manifestation von Veränderung verstanden, der eine Veränderung auf einer oder mehreren der Ebenen von Wissen, Fähigkeiten, Zielen und Visionen, Werthaltungen, Glaubenssätzen, Einstellungen, Motivationen, Emotionen oder inneren Repräsentationen und Modellen vorausgegangen ist (als Ursache von verändertem Handeln). Gleichzeitig kann die veränderte Handlung, indem sie neue Erfahrungen ermöglicht und nach außen ggf. Signalwirkung hat, Veränderungen auf einer oder mehreren der genannten innerpsychischen Ebenen bewirken sowie das soziale und organisationale Umfeld beeinflussen (Wirkung von verändertem Handeln).

Im Ergebnis können sowohl Aussagen über erforderliche bzw. vorhandene Kompetenzen getroffen werden als auch über die Art der Erweiterung der Kompetenzen. Die Kombination dieser Instrumente ermöglicht, durch die unterschiedliche methodische Herangehensweise sowohl kognitive als auch emotionale Aspekte von Kompetenzentwicklung zu erheben.

## 2.3 Ergebnisse und ihre wissenschaftliche Bedeutung

Ein komplexes Geflecht von Faktoren – insbesondere der technisch-organisatorischen Innovationsprozesse – der berufliche Handlungskompetenzentwicklung von betrieblichen Akteuren in Veränderungsprojekten wird erfasst und beschrieben, insbesondere werden hierbei kognitive und emotionale Aspekte der Kompetenzentwicklung näher untersucht. Aus den Ergebnissen werden Handlungsmodelle und Leitlinien abgeleitet und zur Entwicklung von individueller und organisationaler Kompetenzentwicklung verwendet. Dabei werden die Erkenntnisse an den Selbstorganisationstheorien gespiegelt und konkrete Interventionsmöglichkeiten abgeleitet.

## 3. Schlussfolgerungen für künftige Forschungsinitiativen

Bei betrieblichen Innovationsvorhaben unter den Rahmenbedingungen der heutigen Zeit – dynamisch und instabil – gibt es in zwei Richtungen weitere theoriegeleitete und praxiserprobte Erkenntnisse zu gewinnen:

- Bei der Entwicklung von Erhebungs-, Analyse- und Bewertungsinstrumenten für die Veränderungsprozesse und

- bei der Entwicklung und Erprobung von Interventionsinstrumenten im Prozess der Veränderung.

Von großer Bedeutung hierbei sind selbstorganisationstheoretisch fundierte Instrumente und entsprechende Aussagen zur Anwendung.

## 4. Literatur

BÖSE, Reimund; SCHIEPEK, Günter:
    Systemische Theorie und Therapie. Ein Handwörterbuch.
    Heidelberg: Roland Asanger Verlag, 2000.

DILTS, R.; GRINDER, J.; BANDLER, R.; CAMARON-BANDLER, L.; DELOZIER, J.:
    Strukturen subjektiver Erfahrung, ihre Erforschung und Veränderung durch NLP.
    Paderborn: Junfermann Verlag, 1985.

GROCHOWIAK, Klaus; CASTELLA, Joachim:
    Systemdynamische Organisationsberatung. Handlungsleitfaden für Unternehmensberater und Trainer.
    Weinheim: Beltz Psychologie Verlags Union, 1999.

HEEG, Franz J.; BINZ, Petra; FAFFLOCK, Heike; KAEBLER, Joachim; PRACHT, Jens; ROTH, Catrin; SPERGA, Marita:
    Betriebliche Veränderungsprozesse – selbstorganisationstheoretisch reflektiert.
    Aachen: Mainz Verlag, 2002.

HORN, Klaus Peter; BRICK, Regine:
    Das verborgene Netzwerk der Macht. Systemische Aufstellung in Unternehmen und Organisationen.
    Offenbach: Gabal Verlag, 2001.

KIBÉD, Matthias Varga von; SPARRER, Insa:
> Tetralemmaarbeit und andere Grundformen Systemischer Strukturaufstellungen – für Querdenker und solche, die es werden wollen.
> Heidelberg: Carl-Auer-Systeme Verlag, 2000.

SCHIEPEK, Günter; WEGENER, Christoph; WITTIG, Dunja; HARNISCHMACHER, Gerrit:
> Synergie und Qualität in Organisationen. Ein Fensterbilderbuch.
> Tübingen: DGVT-Verlag, 1998.

SCHIEPEK, Günter:
> Die Grundlagen der systemischen Therapie. Theorie, Praxis, Forschung.
> Göttingen: Vandenhoeck & Ruprecht, 1999.

Sektion D

# Kompetenzentwicklung in Lernfeldern

Beitrag D1.1

# Methoden der Qualifikationsforschung und Konstruktionsprinzipien von Lernfeldern in der Modellversuchsforschung

– Eine synoptische Darstellung der bisherigen Erkenntnisse im Modellversuchsprogramm "Neue Lernkonzepte in der dualen Berufsausbildung"

Waldemar Bauer
Karin Przygodda

## 1. Fragestellung des Forschungs- und Entwicklungsvorhaben

Die Kultusministerkonferenz (KMK) hat mit der 1996 verabschiedeten Lernfeldstruktur einen wegweisenden Reformschritt initiiert (KMK 1996). Lernfelder und damit der berufsbezogene Unterricht müssen sich an Arbeits- und Geschäftsprozessen orientieren. Kurz danach wurde das erste Modellversuchsprogramm "Neue Lernkonzepte in der dualen Berufsausbildung" durch die Bund-Länder-Kommission für Bildungsplanung und Forschungsförderung (BLK) gestartet, in welchem ebenfalls Arbeitsprozessorientierung als ein Hauptziel festgelegt wurde.

Vor diesem Hintergrund haben sich ca. ein Drittel der 21 Modellversuche im Programm mit Fragen der Qualifikationsforschung und Curriculumentwicklung beschäftigt. Es wurden unterschiedliche Konzepte zur Analyse von Arbeits- und Geschäftsprozessen bzw. Kompetenzen entwickelt sowie erste theoriegeleitete Transformationskonzepte und Konstruktionsprinzipien von arbeitsprozess- und kompetenzorientierten Lernfeldern erarbeitet. Ziel dieses Beitrages ist es, den derzeitigen Forschungs- und Entwicklungsstand in der Modellversuchsforschung und -praxis in Bezug auf diesen Themenkomplex aufzuzeigen.

## 2. Forschungs- und Entwicklungsmethode

Im BLK-Programm nehmen 21 Modellversuche in 14 Bundesländern teil. Insgesamt sind ca. 100 Berufsschulen involviert. Darüber hinaus hat der Programmträger Institut Technik und Bildung (ITB) der Universität Bremen zu spezifischen Forschungsfragen vier Forschungsaufträge vergeben, u.a. auch zu Thema "Arbeitsprozesswissen und lernfeldorientierte Curricula".

Die Analyse der in den Modellversuchen (MV) verfolgten Konzepte sowie deren Implementation in die Berufsbildungspraxis erfolgt in Anlehnung an das speziell für dieses Programm vom Programmträger entwickelte Evaluationsverfahren. Dieses beruht auf dem Instrument der Nutzwertanalyse und enthält Elemente aus formativen, responsiven und summativen Evaluationsverfahren. Die von den MV-Akteuren definierten Projektziele sowie deren Umsetzungsstand wurden zweimal innerhalb der Projektlaufzeit evaluiert. Bezogen auf den vorliegenden Untersuchungsgegenstand erfolgten darüber hinaus noch Dokumentenanalysen.

## 3. Ergebnisse und ihre wissenschaftliche Bedeutung

Die bisherigen Evaluationsbefunde zeigen, dass im Programm eine Diskussion in Bezug auf den Einsatz geeigneter Methoden zur Analyse von Arbeitsprozessen und -aufgaben – mehr oder weniger ausgeprägt – stattfindet. Damit wird der in letzter Zeit zunehmend kritisierte fehlende Zusammenhang zwischen der Qualifikationsforschung und Curriculumentwicklung im Programm thematisiert (vgl. RAUNER 2000). Dabei handelt es sich aber nicht um die Entwicklung vollkommen neuer Forschungsmethoden, vielmehr werden etablierte Methoden im berufspädagogischen bzw. berufswissenschaftlichen Kontext angewandt. Klassische quantitative (z.B. Fragebogenerhebungen zum Qualifikationsbedarf), aber auch verstärkt qualitative Methoden (z.B. narrative Interviews, Expertenbefragungen) kommen zum Einsatz.

Im Kern zielen diese berufsfeldspezifischen Studien auf die Ermittlung von Inhalten und Formen berufsförmig organisierter Facharbeit und dem Wechselverhältnis von beruflicher Arbeit und Bildungs- und Qualifizierungsprozessen. Handlungsleitend ist dabei stets das Bestreben, eine fundierte empirische Grundlage für die Curriculumentwicklung zu erhalten. Insofern können diese Studien als erste Ansätze einer berufswissenschaftlichen Qualifikationsforschung beschrieben werden. Weiterhin besteht Konsens darüber, dass die Transformation der Analyseergebnisse in ein Curriculum berufspädagogisch aufgearbeitet werden muss. Allerdings liegen kaum theoriegeleitete Transformationsmodelle vor, welche subjekt- und kompetenzentwicklungsorientierte Konstruktions- und Strukturierungsprinzipen verfolgen und damit auch lern- bzw. entwicklungstheoretische Aspekte integrieren.

Die bisher vorliegenden Ergebnisse können folgendermaßen zusammengefasst werden:

- Die Entwicklung arbeitsprozessorientierter und kompetenzorientierter Lernfelder erfordert eine domänenspezifische Qualifikationsforschung, welche das in der praktischen Berufsarbeit inkorporierte Wissen und Können entschlüsseln sollte.

- Die im BLK-Programm entwickelten und erprobten Konzepte unterscheiden sich in Art und Reichweite. Dies zeigt sich im gesamten Entwicklungsstrang: Methoden zur Qualifikationsforschung – Erfassung beruflicher Arbeitsaufgaben bzw. beruflicher Handlungsfelder – Transformationskonzepte zur Curriculumentwicklung – Konstruktionsprinzipien von Lernfeldern – Methoden zur Kompetenzmessung. Ein kohärentes Gesamtkonzept ist kaum festzustellen, oft werden nur einzelne Bereiche thematisiert und dies in unterschiedlicher Intensität.

## 4. Schlussfolgerungen

In Bezug auf die Zwischenergebnisse im BLK-Programm lässt sich folgende These formulieren: Wenn die Curriculumentwicklung nicht durch die Etablierung einer berufswissenschaftlichen Qualifikationsforschung gestützt wird und wenn der Berufsbildungspraxis keine geeigneten Methoden und Instrumente für die Umsetzung der Curricula in arbeitsprozessorientierte Lernsituationen zur Verfügung gestellt werden, fallen die mit dem Lernfeldkonzept beabsichtigten Innovationswirkungen nicht in dem erhofften Maße aus.

## 5. Literatur

Institut Technik und Bildung (Hrsg.):
    BLK-Programm "Neue Lernkonzepte in der dualen Berufsausbildung":
    Die Programmevaluation. Manual.
    Hrsg.: Programmträger zum BLK-Programm "Neue Lernkonzepte in der dualen Berufsausbildung".
    Bremen: Institut Technik und Bildung, 2001.

Institut Technik und Bildung (Hrsg.):
: BLK-Programm "Neue Lernkonzepte in der dualen Berufsausbildung": Zwischenbilanz.
Hrsg.: Programmträger zum BLK-Programm "Neue Lernkonzepte in der dualen Berufsausbildung".
Bremen: Institut Technik und Bildung, 2001.

KMK – Sekretariat der Ständigen Konferenz der Länder in der Bundesrepublik Deutschland:
: Handreichung für die Erarbeitung von Rahmenlehrplänen der Kultusministerkonferenz für den berufsbezogenen Unterricht in der Berufsschule und ihre Abstimmung mit Ausbildungsordnungen des Bundes für anerkannte Ausbildungsberufe.
Bonn, 1996.

PRZYGODDA, K.; BAUER, W.:
: Ansätze der berufswissenschaftlichen Qualifikationsforschung im BLK-Programm "Neue Lernkonzepte in der dualen Berufsausbildung".
(im Druck)

RAUNER, Felix:
: Der berufswissenschaftliche Beitrag zur Qualifikationsforschung und zur Curriculumentwicklung.
In: Berufliches Arbeitsprozesswissen. Ein Forschungsgegenstand der Berufswissenschaften.
Hrsg.: PAHL, J.-P.; RAUNER, F.; SPÖTTL, G.
Baden-Baden: Nomos Verlagsgesellschaft, 2000, S. 329-352.

Sekretariat der Ständigen Konferenz der Kultusministerien der Länder in der Bundesrepublik Deutschland:
: Handreichungen für die Erarbeitung von Rahmenlehrplänen der Kultusministerkonferenz (KMK) für den berufsbezogenen Unterricht in der Berufsschule und ihre Abstimmung mit Ausbildungsordnungen des Bundes für anerkannte Ausbildungsberufe.
Bonn, 1996.

Beitrag D1.2

# Zur Entwicklung eines Instrumentariums für die Übersetzung von Arbeitsfeldern in Lernfelder und zur Gestaltung von schulischen Lernprozessen

Martin Hartmann

## 1. Strukturierung beruflicher Inhalte in Lernfelder

In den beruflichen Schulen stehen heute "klassische" Curricula neben neuen, nach Lernfeldern strukturierten. Mit dem Abgehen von fachsystematisch orientierten Curricula hin zu einer Strukturierung der beruflichen Inhalte in (an Arbeits- und Geschäftsprozessen orientierten) Lernfeldern, beabsichtigt die Kultusministerkonferenz u.a. (KMK 2000):

- die Handlungsorientierung des Unterrichts, die verschiedenen Arten von Kompetenzen und die Verantwortlichkeit für die Gesellschaft zu stärken,
- die Lehrpläne für eine Konkretisierung vor Ort zu öffnen und damit Freiräume zu schaffen,
- durch Überarbeitung bzw. Austausch einzelner Lernfelder neue Entwicklungen in den Rahmenlehrplänen berücksichtigen zu können.

Wesentliches Problem bei der Entwicklung der Lernfelder aus "Handlungsfeldern" und dem Einsatz von Lernfeldern in den Schulen ist allerdings das grundsätzliche Verständnis der "Handlungsfelder" (also vor allem der beruflichen Arbeitsprozesse), aus denen die Inhaltsstruktur der Lernfelder "gewonnen" werden soll, und das Verständnis von der didaktischen Strukturierung der in Lernfelder eingebrachten Inhalte bei den Konstrukteuren der Rahmenlehrpläne und den sie umsetzenden Lehrern. Für den Lehrer spielt die Frage eine wesentliche Rolle, ob seine Einsicht in die konkreten Arbeitsprozesse den Anforderungen eines arbeitsprozessorientierten Unterrichts genügt. Und auch die Schulorganisation und die Frage der Ausrichtung der Abschlussprüfungen der Auszubildenden ist für ihn wichtig.

## 2. Erstellung von Lernfeldern und ihre Umsetzung

Für die Erstellung von Lernfeldern und ihre Umsetzung in Lernsituationen gibt es verschiedene Ziele, mögliche Vorgehensweisen und Konstruktionsgesichtspunkte, die in den Handreichungen der Kultusministerkonferenz (KMK 2000) beschrieben werden. In der Diskussion um die Ausgestaltung der Lernfelder und in der fachdidaktischen Diskussion sind weitere Gesichtspunkte benannt worden, wie eine Ordnung der Inhalte ermöglicht werden kann. Dies kann u.a. geschehen

- nach im Beruf eingesetzten bzw. zu handhabenden Maschinen, Anlagen, Gebäudeteilen (für die bautechnischen Berufe z.B. Gebäudeteile, für die Elektroinstallation z.B. Erzeugung, Übertragung elektrischer Energie; MALEK 2001),
- nach exemplarischen Situationen (LISOP, HUISINGA 1999),
- mit Bezug auf KLAFKI bzw. SCHULZ nach ihrer Gegenwarts- bzw. Zukunftsbedeutung bzw. nach Unterrichtsprozessen (BADER 1999),

- nach dem Ablauf von Arbeits- und "Geschäftsprozessen" (siehe dazu z.B. die Rahmenlehrpläne der IT-Berufe),
- nach der in den "Handreichungen" der KMK geforderten "Sachlogik" und deren Interpretation (RAUNER 2001, S. 14) oder nach "Entwicklungsaufgaben" bzw. beruflichen Arbeitsaufgaben (RAUNER 2001, S. 16 f.) usw.

Probleme sind allerdings, wie die Komplexität beruflicher Handlungsprozesse realitätsnah in die Curricula aufgenommen werden kann, wie ihre Relevanz auch in Bezug auf die berufliche Kompetenzentwicklung in der Schule bewertet werden kann, wie auf dieser Grundlage also ihre Strukturierung aussehen kann. Und es gilt m.E. weiterhin die Aussage von BADER (1999):

"Der eigentliche Kern des Problems, nämlich durch welche Art von Systematisicrung die Entwicklung von Handlungskompetenz am wirkungsvollsten gelingt, ist wissenschaftlich noch weitgehend ungeklärt."

Ein großes Problem in der Entwicklung einer adäquaten Theorie auch der Lernfeldstrukturierung liegt m.E. in der Aufteilung der für die Berufsbildung relevanten Wissenschaften in verschiedene Gegenstandsfelder und in dem Versuch ihrer nachträglichen Integration. Technische Berufsbildung hat viele verschiedene Bezugswissenschaften. Dies sind die Ingenieurwissenschaften, die Arbeitswissenschaft, die Pädagogik, Psychologie und Sozialpädagogik, die Soziologie, Ökonomie und verschiedene Naturwissenschaften, die Ökologie, die Rechtswissenschaft, die Sprach- bzw. Kommunikationswissenschaften, die historische Wissenschaft usw., also im Grunde das ganze Spektrum der Wissenschaften. Je nach Beruf spielen auch für die Lernfeldstrukturierung viele dieser Wissenschaften eine wesentliche Rolle.

Die Berufsbildungstheorie hat selbst bisher keinen Ansatzpunkt für eine integrative Theorie und betreibt ihre Wissenschaft deswegen vor allem additiv integrativ (oder mit zwei oder wenig mehr Bezugswissenschaften) interdisziplinär: Sie ist überfordert mit den vielfältigen Anforderungen. Deswegen werden die Wissenschaften einzeln betrieben oder auf bestimmte Handlungssituationen (wie den Unterricht) bezogen und es werden dann als Felder (oder Gegenstandsbereiche) identifizierte Bereiche nachträglich wieder zusammengedacht. Dies bringt eine gewisse Willkür bei der Begründung der Schlussfolgerungen mit sich.

## 3. Systematisierung beruflicher Inhalte auf Basis von Reflexionsstufen

Da sich also die Theorie in ihrer Differenziertheit nur begrenzt für eine an theoretischen Gesichtspunkten orientierte Strukturierung anbietet, wird verstärkt auf die empirische Analyse der beruflichen Handlungsprozesse und auf didaktische Überlegungen gesetzt. Dies ist m.E. allerdings unbefriedigend, weil viele dieser Untersuchungen eine gewisse Willkürlichkeit in Bezug auf die Inhalte nicht verbergen können. Deswegen sollen im Folgenden einige Überlegungen zur Systematisierung von beruflichen Inhalten auf Grundlage einer Reflexionsstufentheorie erfolgen, die Anhaltspunkte für eine Strukturierung von Lernfeldern liefern könnten.

Zunächst ist zu fragen, wie sich eine Novizin mit einem Arbeitsprozess auseinandersetzen wird. Im Allgemeinen wird sie zunächst "nicht den Wald vor lauter Bäumen" sehen, also die Gesamtprozesse und ihre relevante Struktur nicht identifizieren können. Deswegen wird sie sich auf die Arbeitsgegenstände und die überschaubaren Einzelprozesse konzentrieren und in der Ausbildung hierauf konzentrierte (eigentlich für den Gesamtprozess unsinnige) Anweisungen erhalten, wie dies z.B. BENNER (2000, S. 41 f.) beschreibt.

Auf diese Gegenstände, ihre Eigenschaften und ihre Handhabung bzw. die möglichen Verfahren ihrer Handhabung konzentriert sich nun die herkömmliche "Fachsystematik". In einer zu verrichtenden Tätigkeit, wie sie in Abbildung 1 dargestellt ist, spielen zunächst vor allem die Eigenschaften der Gegenstände eine Rolle. So sind physikalische, chemische oder biologische Eigenschaften und Prozesse zu identifizieren, die man kennen muss, will man den Gegenstand richtig handhaben. Sie können z.B. nach ihren Ursachen oder nach ihren Wirkungen systematisiert werden. Ihre Struktur und Prozesshaftigkeit können dann auch im Allgemeinen mathematisch beschrieben werden. Je nach Ursachen können sie unterschiedlichen Wissenschaftsbereichen oder Gegenstandsfeldern zugeordnet werden. Sie werden damit vom konkreten Gegenstand abgelöst und führen ein Eigenleben als Beschreibungen von Eigenschaften und Prozessen, die später wieder konkreten Gegenständen zugeordnet werden können.

Den Eigenschaften und Prozessen sind nun Handhabungsverfahren zugeordnet, die sich ebenfalls systematisieren (und von den konkreten Gegenständen ablösen) lassen. Das Wissen über die Eigenschaften der Gegenstände und ihre Handhabung kann dann je nach Gegenstandsbereich oder Beruf z.B. als technisches (oder aber auch als pflegerisches) Wissen bezeichnet werden. Wer alles weiß, kann dann adäquat mit den Gegenständen umgehen, so die Behauptung.

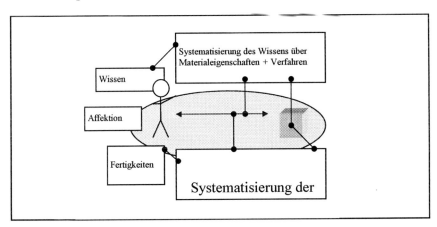

Abb. 1: Ablauf zu verrichtender Tätigkeiten

In der fachsystematisierten beruflichen Erstausbildung werden die Handhabung (als Fertigkeiten) und das Wissen voneinander getrennt und an verschiedenen Lernorten vermittelt. D.h. natürlich nicht, dass nicht an den beiden Lernorten (Schule, Betrieb) nicht auch Praxis bzw. Theorie betrieben wird. Trotzdem wird sich die betriebliche Ausbildung nach diesem Muster eher unreflektiert mehr an der Vermittlung von Fertigkeiten und die schulische Ausbildung eher praxisfern an der Vermittlung von Wissen orientieren.

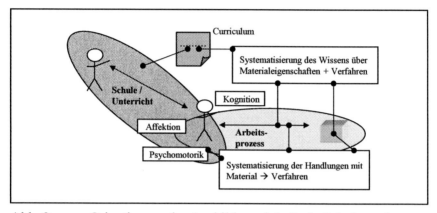

Abb. 2: Orientierung der Ausbildungsinhalte in Schule und Betrieb

Das Problem des systematisierten Wissens ist aber, dass es nicht der Handlungslogik folgen kann, weil es aus den (immer konkreten) Handlungsprozessen herausabstrahiert wurde. Es fehlt deswegen der Bezug zu den konkreten Tätigkeiten, die durch eine Restrukturierung der curricular festgelegten Inhalte wieder auf die beruflichen Inhalte orientiert werden müssen. Da der schulische Unterrichtsprozess aber ebenfalls keinen Bezug zum Arbeitsprozess hat und seiner eigenen Organisationslogik (z.B. Stundenorganisation) folgt, müssen die Inhalte methodisch und medial angereichert werden. "Handlungsorientierung" muss sich demgemäss nicht auf den Arbeitsprozess beziehen (zumal es ja auch um emanzipatorische Ziele geht, denen der funktionalisierende Arbeitsprozess entgegenstehen könnte). So können systematisierte Inhalte, z.B. die systematisierten Fertigungsverfahren, durchaus handlungsorientiert mittels Einsatz von Metaplankarten vermittelt werden. Diese Handlungsorientierung mag den Schülern sogar durchaus mehr Freude bereiten als ein Lehrervortrag. Auch wird die Kommunikationsfähigkeit der Lernenden geschult, die sie dann in anderen Prozessen einsetzen können, doch hat sie zunächst einmal recht wenig mit dem Arbeitsprozess zu tun.

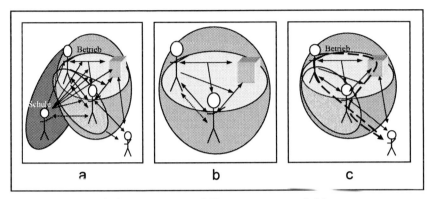

Abb. 3: Arbeitsprozesse und Kompetenzentwicklung

Verfolgt man das Ziel der Entwicklung von Kompetenz bei den Lernenden, also einer Gestaltungsfähigkeit in Arbeitsprozessen wie gesellschaftlichen Situationen, so können nicht nur die zu verrichtende Tätigkeit und die möglichen Arbeitsgegenstände mit ihren Eigenschaften betrachtet werden, sondern es müssen die komplexen Arbeitsprozesse (auch bei den Lehrenden) in den Blick geraten (Abb. 3a). Dies ist erst in einem kooperativen Arbeitsprozess und mit der Einbeziehung von möglichen Kunden und von evtl. Betroffenen der betrieblichen Aktivität der Fall. Um Übersicht und Bewertung sowie einen verantwortungsvollen Umgang mit der jeweiligen Situation möglich zu machen, müssen die Lernenden die komplexen Handlungsprozesse in sich hineinholen, sie also von verschiedenen Seiten bedenken und abschätzen können. Dies sind dann vor allem auch Planungs-, Organisations-, Bewertungs- und Kommunikationsprozesse, die reflektiert werden müssen und die die Handlungssituationen und den Umgang mit den Gegenständen und Verfahren (also der Technik) auf bestimmte Ziele hin ausrichten. In der komplexen Handlungssituation müssen die verschiedenen Handlungsaspekte berücksichtigt werden und die optimale Vorgehensweise gefunden werden. Dafür sind natürlich auch die Eigenschaften der Arbeitsgegenstände und der eingesetzten Verfahren (handlungs- und sachlogisch) systematisierend zu erfassen, zu reflektieren und zu bewerten.

Aufgabenstellungen lassen sich aus dem Prozess heraus nun auf verschiedenen Ebenen identifizieren. Schon die einfache anweisende (also nicht unbedingt kooperative) Handlungssituation, wie sie in Abbildung 3 (b) dargestellt ist, ermöglicht die Vergabe von Aufgaben zur Lösung von Problemen. Diese sind zwar verrichtend, zielen aber in der Erstellung eines Werkes (projektartig) auf die Planung und Organisation der eigenen Arbeit. Insofern müssen die Rahmen- und Randbedingungen beachtet werden.

Komplexer sind Aufgabenstellungen, die auf die Lösung eines Problems eines Kunden zielen, sei es eines Geschäftspartners oder einer anderen Arbeitenden im kooperativen Arbeitsprozess (Abb. 3c). Es geht hier um eine Problemlösung für andere, deren Problemlage, Bedürfnisse, Nutzungsgewohnheiten usw. berücksichtigt werden müssen bzw. um die Geschäftsprozesse. Die verschiedenen Arten der Aufgabenstellungen lassen sich m.E. nun durch die Untersuchung der in Abbildung 3 vor allem mit Pfeilen angedeuteten Beziehungen nach ihren Möglichkeiten systematisieren.

## 4. Literatur

BADER, Reinhard:
    Lernfelder – eine Chance zur Stärkung beruflicher Handlungskompetenz. Handreichung zu einem Referat im Rahmen einer Schulleiterfortbildung "Lehren und Lernen in Lernfeldern " des Instituts für Lehrerfortbildung. Magdeburg, 1999.

BENNER, Patricia:
    Stufen zur Pflegekompetenz. From Novice to Expert.
    Bern: Hans Huber, 1. Auflage 1994, 3. Nachdruck 2000.

KMK – Sekretariat der Ständigen Konferenz der Kultusminister der Länder:
Handreichungen für die Erarbeitung von Rahmenlehrplänen für den berufsbezogenen Unterricht in der Berufsschule und ihre Abstimmung mit Ausbildungsordnungen des Bundes für anerkannte Ausbildungsberufe.
Bonn: 2000.

LISOP, Ingrid; HUISINGA, Richard:
Exemplarik – eine Forderung der KMK-Handreichungen.
In: Lernfeldorientierung. Konstruktion und Unterrichtspraxis.
Hrsg.: HUISINGA, Richard; LISOP, Ingrid, SPEIER; Hans-Dieter.
Frankfurt/M.: Gesellschaft zur Förderung arbeitsorientierter Forschung und Bildung, 1999, S. 163-216.

MALEK, Reinhard:
Unterrichten in arbeitsorientierten Lernfeldern.
In: Der Lernfeldansatz der Kultusministerkonferenz.
Hrsg.: GERDS, Peter; ZÖLLER, Arnulf.
Bielefeld: W. Bertelsmann Verlag, 2001, S. 168-180.

PREIß, Peter:
Integration und Elaboration als Leitgedanken curricularer Anordnung von Lernfeldern.
In: Lernfeldorientierung. Konstruktion und Unterrichtspraxis.
Hrsg.: HUISINGA, Richard; LISOP, Ingrid; SPEIER, Hans-Dieter.
Frankfurt/M.: Gesellschaft zur Förderung arbeitsorientierter Forschung und Bildung, 1999, S. 217-242.

RAUNER, Felix:
Lernfelder als strukturierendes Prinzip für die Gestaltung beruflicher Bildungsprozesse.
In: Der Lernfeldansatz der Kultusministerkonferenz.
Hrsg.: GERDS, Peter; ZÖLLER, Arnulf.
Bielefeld: W. Bertelsmann Verlag, 2001.

Beitrag D1.3

# Welchen Beitrag kann berufsbildender Unterricht zur Verbesserung der Sprachkompetenz jugendlicher Aussiedler leisten?

Stefan Fletcher
Michael Richter

## 1. Ausgangslage

Insbesondere in berufsvorbereitenden Bildungsgängen (z.B. Berufsgrundschuljahr) und ebenso in weniger attraktiven Berufsfeldern des Handwerks (z.B. im Maler- und Lackiererhandwerk) sind Jugendliche, die Deutsch nicht als ihre Muttersprache erlernt haben, im Verhältnis zu ihrer Gesamtzahl in der Bevölkerung stark vertreten. Eine besonders große Gruppe bilden hier Aussiedler aus Russland und Jugendliche aus türkischen Emigrantenfamilien. Während die mündliche Sprachkompetenz bei diesen Jugendlichen für rein kommunikative Zwecke in der Regel ausreicht, sind die schriftsprachlichen Fähigkeiten oft ungenügend.

Dies wirft schwerwiegende Probleme für die Berufsausbildung auf. Hieraus ergibt sich die allgemeine Fragestellung, wie ein Ansatz entwickelt werden kann, die Vermittlung von beruflichem Fachwissen mit dem Erwerb (schrift-) sprachlicher Kompetenz verbindet.

## 2. Problemstellung

Förderung der Sprachkompetenz ein Ziel, das im Fachunterricht an berufsbildenden Schulen mit Berücksichtigung finden soll. Oft jedoch fehlen konkrete Konzepte und werden aktuelle sprachdidaktische Erkenntnisse nicht mit einbezogen. Die Gründe liegen beispielsweise in der Ausbildung der Berufsschullehrer, die primär auf den Erwerb von Fachwissen bzw. auf Didaktik der Technik gerichtet ist. Erschwerend kommt hinzu, dass ein immer größerer Anteil von Lehrern der Berufskollegs über keine reguläre (erstes und zweites Staatsexamen) Lehrerausbildung verfügt und oft für spezielle didaktische Fragestellungen wenig sensibilisiert wurde. Zudem ist der Unterricht im Wesentlichen auf Muttersprachler und nicht auf Schüler mit Defiziten in der deutschen Sprache zugeschnitten. Wie oben genannt ist in manchen Bildungsgängen der Anteil von Nicht-Muttersprachlern des Deutschen hoch, sodass didaktischer Handlungsbedarf hier dringend gegeben ist.

Sprache, sei sie geschrieben oder gesprochen, ist das Medium, mit dem Informationen transportiert werden. Sprachkompetenz ist die Basiskompetenz für den Erwerb von beruflichem Wissen. Fehlende Sprachkompetenz schafft a priori eine Benachteilung im Bildungssystem, da z.B. Aufgaben nicht oder fehlerhaft verstanden werden oder die Kommunikation mit Lehrern bzw. Mitschülern nicht optimal (im Sinne von annähernder Muttersprachlichkeit) verlaufen kann.

## 3. Lösungsansatz

In der beruflichen Bildung haben sich seit geraumer Zeit handlungsorientierte und arbeitsprozessorientierte Ansätze etabliert (vgl. z.B. HURTZ 1996). Dabei werden induktive Strategien angewandt. Hier ergibt sich eine Parallelität zu aktuellen Didaktiken zum Erwerb einer Zweitsprache. Es scheint aktueller Konsens zu sein, dass die Rolle des expliziten Grammatikunterrichts kleiner ist, als bisher angenommen wurde. Die Vermittlung von Regelwissen im systematischen Grammatikunterricht bietet zu wenig an intrinsischer Motivation für die Lerner.

Für Lernprozesse in Bezug auf die Aneignung von Sprache gilt, dass der Erfolg im Wesentlichen davon abhängt, inwieweit die Schüler einen konkreten Gebrauchswert im Erwerb einer verbesserten Sprachkompetenz sehen. Dieser Gebrauchswert zeigt sich am deutlichsten, wenn die erforderlichen Sprachkompetenzen im direkten Bezug zur Arbeitswelt und zu Arbeitstätigkeiten stehen (vgl. GRUNDMANN 2002). In dieser Hinsicht scheint eine stärkere Integration des Sprachunterrichts in den beruflichen Fachunterricht (und nicht umgekehrt) sinnvoll, da dieser den direkten Bezug zur Arbeitswelt bildet. Es müssen folglich solche Lernsituationen geschaffen werden, die von den Schülern nur bewältigt werden können, wenn sie über eine ausreichende Sprachkompetenz verfügen. Deshalb plädieren wir für einen integrativen und funktionalen Ansatz. Auf die grammatische Form soll stets im Zusammenhang mit den Bedeutungsinhalten und der kommunikativen Potenz fokussiert werden.

Dazu ein Beispiel: Gegeben sei eine sprachlich nicht homogene Klasse. Aufgabe ist es, eine technische Problemstellung zu lösen, bei der eine Lösung in Form einer schriftlichen Handlungsanweisung erforderlich ist (z.B. Bedienungsanweisung, Fertigungsplan). Um nonverbale Faktoren wie Gestik und Mimik auszuschließen und somit eine Verengung der Kommunikation auf rein "innersprachliche" Mittel wie Syntax, Lexikon und Semantik zu gewährleisten, wird als Medium das E-Mail gewählt. Bei der Vergabe der Aufgabe soll innere Differenzierung ein wichtiges Kriterium sein: Nur die Schüler, die erhebliche Probleme mit schriftlicher Sprachproduktion haben, verfassen die Nachricht. Die Handlungsorientierung ist durch die annähernd authentische Kommunikationssituation und die Einbettung des sprachlichen Kompetenzerwerbs in den Kontext des Fachunterrichts gegeben. Es ergeben sich zwei Kriterien der Evaluierung:

- Erstens: Die Handlungen der Empfänger zeigen, ob der propositionale Gehalt des E-Mail-Texts ausreichend, d.h. der fachliche Teil der Aufgabe in Ordnung ist und

- zweitens: das sprachliche Niveau (zu Textproduktionsmodellen siehe z.B. LEVELT 1989).

Der Verfasser der Nachricht erhält die Aufgabe, über seinen Sprachgebrauch entweder im Dialog mit dem Lehrer oder im Klassenverband zu reflektieren, z.b. darüber, wie er seine eigenen Stärken bzw. Schwächen einschätzt oder wo er Gemeinsamkeiten und Unterschiede zwischen seiner Muttersprache und dem Deutschen sieht (siehe z.B. SIEBERT-OTT 1998).

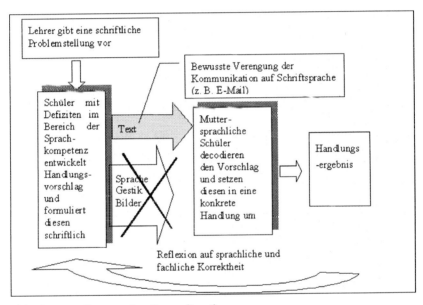

Abb. 1: Integrative Lernsituation

# 4. Literatur

LEVELT, Willem J. M.:
Speaking: from intention to articulation.
Cambridge, MA: MIT-Press, 1989.

SIEBERT-OTT, Gisela:
Schriftspracherwerb bei Migrationskindern.
In: Schriftspracherwerb.
Hrsg.: WEINGARTEN, R.; GÜNTHER, H.
Hohengehren: Schneider, 1998, S. 151-182.

GRUNDMANN, Hilmar:
Vom Volk der Dichter und Denker zum Volk der Analphabeten?
In: Die berufsbildende Schule,
Wolfenbüttel, 54(2002)2, S. 41-44.

HURTZ, A.:
Handlungsorientiertes Lernen in der Maschinentechnik.
In: Dortmunder Beiträge zur Pädagogik.
Bochum: Brockmeyer, 1996.

Beitrag D2.1

# Über den Entwurf, die Implementation und die Evaluation einer synchronen Groupware für die Software-Engineering-Ausbildung

Stefan Werner
Axel Hunger
Frank Schwarz

## 1. Rechnergestützte Gruppenarbeit

Die rechnergestützte Gruppenarbeit erweitert traditionelle Arbeitsformen um Möglichkeiten der räumlichen und zeitlichen Verteilung. Die hierbei verwendeten Werkzeuge werden unter dem Begriff Groupware, dass zugehörige Arbeits- und Forschungsgebiet unter dem Begriff Computer Supported Cooperative Work (CSCW) subsumiert.

Asynchrone Systeme unterstützen Gruppen, die zu unterschiedlichen Zeiten arbeiten. Einer der bekanntesten Vertreter dieser Systemgruppe ist das von der GMD (Gesellschaft für Mathematik und Datenverarbeitung) entwickelte Shared Workspace System BSCW (Basic Support for Cooperative Work).

Synchrone Systeme unterstützen die Kooperation und die Kommunikation gleichzeitig arbeitender Gruppenmitglieder. Die synchrone Gruppenarbeit ist dabei geprägt von zeitgleichen, parallelen Aktivitäten an gemeinsamen Objekten. Lösungen sind für Konfliktsituationen zu erarbeiten, die in Präsenzsituationen z.B. durch soziale Protokolle gelöst werden. Zu den wichtigsten Diensten in synchronen Systemen zählen u.a. die Floor-Kontrolle und der Telepointer. Die Floor-Kontrolle regelt die Zugriffsrechte auf bestimmte Ressourcen und stattet ihren Besitzer mit wohldefinierten Rechten aus. Ein Telepointer bietet die Möglichkeit, die Aufmerksamkeit der Teilnehmer durch explizites Zeigen auf bestimmte Objekte zu lenken. Aus der Sicht des Systems ist ein gemeinsamer Telepointer als eine zusätzliche Ressource zu sehen, die über die Floor-Kontrolle verwaltet wird.

## 2. Groupware in der Software-Engineering-Ausbildung

Seit der ersten CSCW-Konferenz im Jahre 1986 wird Software-Engineering immer wieder als ein Arbeitsgebiet genannt, das sich zur Unterstützung durch Groupware anbietet. Tatsächlich ist in der Praxis die Software-Entwicklung, in zum Teil sogar weltweit verteilten Teams, zur Realität geworden. Die Hochschulen reagieren auf dieses veränderte Arbeitsumfeld der zukünftigen Software-Ingenieure nur zögerlich. Aktuelle Arbeiten konzentrieren sich vorrangig auf die Untersuchung von Möglichkeiten zum Einsatz kommerzieller oder frei verfügbarer Werkzeuge. Dabei haben sich asynchrone Werkzeuge wie Lotus Notes oder BSCW insgesamt besser als synchrone Werkzeuge bewährt. Eine speziell für den Einsatz in einem verteilten kooperativen Software-Engineering-Praktikum entwickelte Groupware ist nicht dokumentiert.

Insgesamt finden sich in der Literatur bisher ausgesprochen wenige Forschungsbeiträge zum Einsatz von CSCW in der Hochschulausbildung und speziell in der Software-Engineering-Ausbildung. Die wesentlichen Schwächen der bisher verwendeten Werkzeuge betreffen vorrangig die fehlende Koordinations-, Kooperations- und Kommunikationsunterstützung.

## 3. Die Groupware PASSENGER

Die Implementation von Groupware ist im Vergleich zur Implementation von Einbenutzeranwendungen deutlich komplexer. Im Einzelnen gestalten sich der Entwurf der Benutzerschnittstelle, die Datenhaltung und die Konsistenzhaltung der Zustände aufwändiger.

Die synchrone Groupware PASSENGER ist speziell für den Einsatz in einem Software-Engineering-Praktikum implementiert worden. Sie integriert eine Floor-Kontrolle, die eine definierte Fairness bei der Floor-Vergabe garantiert und den gegenseitigen Ausschluss der Teilnehmer verhindert. Darüber hinaus werden den Teilnehmern vielfältige Informationen zur Gruppenwahrnehmung angeboten, vgl. (WERNER, HUNGER, SCHWARZ 2001). Die Abbildung 1 zeigt die Benutzerschnittstelle der synchronen Groupware PASSENGER.

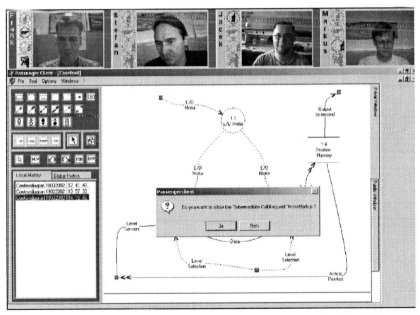

Abb.1: Benutzerschnittstelle der Groupware PASSENGER

## 4. Erste Erfahrungen und Bewertungen

Im Wintersemester 2001 wurde die synchrone Groupware PASSENGER an der Gerhard-Mercator-Universität Duisburg im Rahmen mehrerer Laborexperimente eingesetzt und durch Studenten bewertet. Dabei wurde das Konzept zur Gruppenwahrnehmung insgesamt am besten bewertet. Die Bedienfreundlichkeit und die Eignung zur Diskussionsunterstützung wurden mit gut bewertet. Die Akzeptanz des Werkzeuges ist hoch und bestätigt damit zusätzlich die Eignung zur Diskussionsunterstützung. Die Einhaltung der Fairness bei der Floor-Vergabe konnte durch Messungen nachgewiesen werden.

## 5. Zusammenfassung und Ausblick

Die synchrone Groupware PASSENGER wurde mit dem Ziel, die Schwächen üblicherweise eingesetzter Werkzeuge zu beheben, konzipiert und speziell für den Einsatz in einem Software-Engineering-Praktikum implementiert. Der Einsatz des Werkzeuges ist für das Wintersemester 2002 im Rahmen einer Veranstaltung "CSCW and Software Engineering" vorgesehen.

Aktuelle Arbeiten aus technikorientierter Sicht befassen sich vorrangig mit Quality-of-Service-Aspekten. Darüber hinaus besteht weiterhin Forschungsbedarf auf dem Gebiet der Nachbildung typischer Verhaltensweisen in Face-to-Face-Diskussionen in Rechnerumgebungen.

# 6. Literatur

WERNER, Stefan; HUNGER, Axel; SCHWARZ, Frank:
New Concepts for the Usage of Groupware in Software Engineering Education.
In: Proceedings ED-Media 2001.
Tampere, 2001.
(CD-ROM)

Beitrag D2.2

# Weiterbildung für moderne Gebäudetechnologien

## – Ein europäisches Projekt – ein europäisches Konzept

Joachim Dittrich
Nikolaus Steffen

## 1. Problemstellung und Ziele

In vielen europäischen Regionen haben die kleinen und mittleren Unternehmen der Baubranche Schwierigkeiten, ihren Platz in der Bauwirtschaft zu behaupten. Ein Grund dafür liegt darin, dass sie die Herausforderungen der neuen Technologien nur zögerlich annehmen.

Ziel des Projekts SUSTAIN war, in verschiedenen europäischen Regionen den Bedarf kleiner und mittlerer Unternehmen, hauptsächlich der Elektrobranche, an Unterstützung bei der Nutzung moderner Technologien der Gebäudeautomation zu ermitteln sowie den Aufbau geeigneter Strukturen zu unterstützen und die Vorarbeiten für den Aufbau von Informations- und Qualifizierungsangeboten zu erbringen. Bei Bedarf sollte ein Qualifizierungskonzept entwickelt werden, das die für die Weiterbildung in verschiedenen europäischen Regionen notwendige Flexibilität aufweist. Als Nebeneffekt sollte der Klimaschutz gestärkt werden.

## 2. Methode und Vorgehen

In mehreren europäischen Regionen wurden Bedarfsermittlungen zum Einsatz von Gebäudeautomationstechnologien und Gebäudemanagementtechnologien mit Hilfe eines standardisierten Fragebogens durchgeführt. In Italien wurde die Regio Marche betrachtet, in Spanien waren die Kanarischen Inseln sowie das Baskenland (Region Bilbao) beteiligt und in Deutschland bezog sich die Untersuchung auf die Region Bremen und Umgebung. Befragt wurden öffentliche Einrichtungen (als Kunden), Großhändler, Hersteller, Planer, Installateure und Einrichtungen der technischen Bildung. Die Fragen bezogen sich auf die Charakterisierung des Unternehmens oder der Organisation, das Tätigkeitsprofil, die Weiterbildungskultur und die Einschätzung der Entwicklungsperspektiven des eigenen Unternehmens wie des Marktes. Trainingsinstitutionen wurden zusätzlich nach ihren Angeboten und der Nachfrage danach befragt.

Der Fragebogen wurde von den einzelnen Regionen unterschiedlich gehandhabt. In Italien diente er z.B. als Leitfaden für persönliche Interviews, während er auf den Kanarischen Inseln im Rahmen einer umfangreichen Wirtschaftsbefragung eingesetzt wurde. Im Anschluss an diese Erhebungen wurde in Kooperation zwischen den beteiligten Partnern ein modulares Qualifizierungskonzept entwickelt. Parallel dazu wurden in den Regionen Qualifizierungs- und Interessennetzwerke aufgebaut, um den sinnvollen Einsatz der Technologie und die Geschäftsfeldentwicklung für die beteiligten Unternehmen zu befördern.

## 3. Ergebnisse

### 3.1 Erhebungen und Netzwerkbildung

Als Ergebnisse der Erhebungen und der Analysen wurden Innovationsbarrieren identifiziert, die im Groben mit den allgemein bekannten Barrieren im Handwerk übereinstimmen. Bedarfe nach Information und Qualifikation auf Seiten der Anbieter wie der Kunden wurden festgestellt. Daneben konnten in den einzelnen Regionen jeweils spezifische Faktoren ausgemacht werden, die das Bild regionsspezifisch modifizierten. Hier sei nur das Beispiel Italien erwähnt:

- An der Grenze zwischen Mittel- und Süditalien waren die Automationstechnologien nur wenig bekannt.
- In der Urlaubsregion an der Adriaküste herrscht in den über 30-jährigen Familienhotels ein enormer Renovierungsbedarf.
- In der ganzen Region herrscht wegen der tendenziell rückgängigen Touristenzahlen und der relativ hohen Arbeitslosigkeit ein hoher Innovationsdruck.
- Geschäftsbeziehungen beruhen in hohem Maße auf Kommunikation, Vertrauen und persönlichen Beziehungen.

In zwei der Regionen (Marche und Baskenland) konnte die Geschäftsfeldentwicklung während des Projekts beträchtlich forciert werden. Insbesondere in Italien war zu erkennen, dass die Entwicklung bei bestehendem potenziellem Bedarf durch Information, Demonstration und den Aufbau eines Netzwerks zwischen Herstellern, Planern, Installateuren und Endkunden wesentlich vorangetrieben werden konnte. In Nordspanien erzielte eine Bildungseinrichtung durch Netzwerkaktivitäten mit Planern, Großkunden und Installateuren ähnlich positive Ergebnisse. Von den Praktikern wurde Bedarf an Qualifizierungsmaßnahmen geäußert, dessen Befriedigung von den Projektpartnern in Angriff genommen wurde.

## 3.2 Weiterbildungskonzept

Wegen der positiven Nachfrage wurde ein Weiterbildungskonzept entwickelt, das modular aufgebaut ist und sich an der Praxis des Geschäftsprozesses orientiert. Weitere wesentliche Merkmale sind:

- Bedarfsorientierung für unterschiedliche Zielgruppen (Erstausbildung, Berufseinsteiger, erfahrene Praktiker) durch bedarfsorientierten zeitlichen Umfang;
- Bedarforientierung für unterschiedliche Akteure im Geschäftsprozess (Planer, Installateure, Betreiber) durch Schwerpunktbildung und regionale Anpassbarkeit;
- Informationsmodule für Entscheider (öffentliche Verwaltung, Bauherren, private Investoren);
- Lernen durch Praxis in realen Projekten und Labor sowie Analyse von bestehenden Objekten;
- angestrebter Aufbau von Kompetenzzentren.

## 4. Schlussfolgerungen

Wesentliche Elemente dieses Typs regionaler Innovation sind objektiver Bedarf, Demonstration, Qualifikation, Flexibilität und funktionierende Netzwerke. Nach unserer Erkenntnis sollte trotz Globalisierung der regionalen Spezifizierung und Flexibilisierung von Qualifikationen eine gewisse Freiheit gegeben werden, nicht nur weil das betrachtete Geschäftsfeld stark regional ausgerichtet ist, sondern auch weil ein großer Teil der Wirtschaft in Regionen stattfindet.

Die Möglichkeit zur Individualisierung von Lernbiographien (wie in Dänemark oder Schottland) erscheint wichtig, weil das Individuum lernt und arbeitet, nicht der Typus. Hierzu sind Verfahren und Rahmenbedingungen zu entwickeln und zu implementieren. Gleichzeitig ist der (Informations-) Austausch zwischen Regionen zu forcieren, da er trotz Globalisierung unzureichend ausgebildet ist. Auch hierzu sind Verfahren und Rahmenbedingungen zu implementieren.

Beitrag D2.3

# Typologie der Entwicklungsperspektiven beruflicher Schulen in den einzelnen Bundesländern und ihre Einordnung in den europäischen Kontext

Sabine Kurz

## 1. Fragestellung

Die qualitative Fortentwicklung beruflicher Aus- und Weiterbildungseinrichtungen erhält vor dem Hintergrund des globalen und regionalen Strukturwandels in Wirtschaft und Verwaltung eine große Dringlichkeit. Die zur Zeit stattfindende Berufsbildungsdebatte, insbesondere die Rolle der beruflichen Schulen mit Blick auf ihre Weiterentwicklung zu regionalen Kompetenzzentren bzw. Berufsbildungszentren. Im Vordergrund steht dabei die Erweiterung des Gestaltungsspielraumes für die beruflichen Schulen in administrativer, personeller und rechtlicher Hinsicht, damit sie regionale Ressourcen besser abstimmen, bündeln und neue Qualifizierungsangebote unterbreiten können.

Um geplante Reform- und Entwicklungskonzepte der einzelnen Bundesländer einordnen zu können, wird eine vergleichende Bewertung vorgenommen. Leitend ist dabei die Fragestellung, welchen Grad der Integration von Erstaus- und Weiterbildung und welche Form der "Verfasstheit" die Planungs- und Umsetzungskonzepte beinhalten. Der Einbezug bereits umgesetzter Berufsbildungsreformen in europäischen

Nachbarstaaten (Dänemark, England, Niederlande, Österreich, Schweiz, Schottland) folgt der Fragestellung, wie die in Deutschland geplanten Reformvorhaben in einer internationalen Perspektive zu beurteilen sind.

## 2. Systematischer Vergleich der Reformansätze

Die Zusammenfassung und Bewertung der Reform- und Entwicklungskonzepte in Deutschland und den ausgewählten europäischen Nachbarstaaten erfolgt durch in Abbildung 1 wiedergegebenes Bewertungsinstrument.

|  |  | Zusammenhang Erstaus- und Weiterbildung | |
|---|---|---|---|
|  |  | niedrig | hoch |
| **Autonomie** | niedrig | Staatlich gelenkte Sek. II – Schulen | Staatlich gelenkte Berufsbildungszentren |
|  | hoch | Selbstverwaltete Sek. II - Schulen | Colleges |

Abb. 1: Matrix zur Einordnung der Reformansätze

Die Matrix weist, differenziert nach dem Grad der Autonomie sowie dem Grad des Zusammenhanges von Erstaus- und Weiterbildung, auf den zukünftigen Status beruflicher Schulen hin. Entwicklungsleitend für die einzelnen Quadranten ist Folgendes:

- *Quadrant I: Staatlich gelenkte Sek. II-Schulen*
  Hier werden die Reformansätze eingeordnet, die für die Weiterentwicklung beruflicher Schulen mehr Eigenständigkeit, ohne Veränderung der rechtlichen Rahmenbedingungen, vorsehen. Ein Engagement der Berufsschulen in der Weiterbildung erfolgt unter Berücksichtigung bereits vorhandener Weiterbildungsstrukturen.

- *Quadrant II: Staatliche gelenkte Berufsbildungszentren*
  Hier werden die Reformansätze eingeordnet, die für die Weiterentwicklung beruflicher Schulen mehr Eigenständigkeit, ohne Veränderung der rechtlichen Rahmenbedingungen, vorsehen. Die Angebotsstruktur wird – unter Marktbedingungen - umfassend erweitert.

- *Quadrant III: Selbstverwaltete Berufsbildungszentren*
  Hier werden die Reformansätze eingeordnet, die für die Weiterentwicklung beruflicher Schulen solche Veränderungen der rechtlichen Rahmenbedingungen vorsehen, die über "Schule" im schulgesetzlichen Sinne hinausreichen. Ein Engagement in der Weiterbildung erfolgt unter Berücksichtigung bereits vorhandener Weiterbildungsstrukturen.

- *Quadrant IV: Colleges*
  Hier werden die Reformansätze eingeordnet, die für die Weiterentwicklung beruflicher Schulen Veränderungen der rechtlichen Rahmenbedingungen vorsehen, die über "Schule" im schulgesetzlichen Sinne hinausreichen. Die Angebotsstruktur wird – unter Marktbedingungen - umfassend erweitert.

# 3. Ergebnisse und Schlussfolgerungen

Die Bewertung der in Deutschland geplanten Reformvorhaben ergibt, dass sie für berufliche Schulen zukünftig mehr Eigenverantwortung in personeller und administrativer Hinsicht und ein subsidiäres Weiterbildungsangebot vorsehen. Bis auf Schleswig-Holstein (rechtsfähige Anstalt des öffentlichen Rechtes) plant kein weiteres Bundesland eine Veränderung der Rechtsform. Die Bundesländer Baden-Württemberg, Bremen, Niedersachsen und Nordrhein-Westfalen haben in Bezug auf die größere Eigenständigkeit Planungskonzepte vorgelegt, die eine Tendenz in Richtung "hohe" Autonomie andeuten.

In Österreich und in der Schweiz werden systemerhaltende Berufsbildungsreformen geplant bzw. umgesetzt. Wenn die Reformen nach aktueller Sachlage umgesetzt werden, dann werden in beiden Ländern die beruflichen Schulen zu staatlich gelenkten Berufsbildungszentren. In Dänemark und in den Niederlanden wurden systemverändernde Berufsbildungsreformen umgesetzt. In beiden Ländern können die beruflichen Schulzentren als Colleges bezeichnet werden. In Schottland und England besitzen die *further education colleges* einen hohen Grad an Autonomie, der Grad der Integration von Erstaus- und Weiterbildung ist ebenfalls hoch. Dabei gilt es zu beachten, dass sowohl in Schottland als auch in England kein struktureller Unterschied zwischen beruflicher Ausbildung und Weiterbildung besteht.

Zusammenfassend kann festgehalten werden, dass Deutschland im Diskurs dem allgemeinen Trend der Berufsbildungsreformen in anderen europäischen Nachbarländern folgt. Insgesamt bleiben die geplanten Reformansätze der einzelnen Bundesländer jedoch hinter den europäischen Entwicklungen sowie den Empfehlungen der Bund-Länder-Kommission und der Wissenschaft zurück.

Die Ergebnisse der Implementierung geplanter Reformvorhaben in Deutschland sind zu analysieren, um Schlussfolgerungen für eine langfristige Etablierung von regionalen Kompetenzzentren bzw. Berufsbildungszentren zu treffen und Maßnahmen für entsprechend zu schaffende Rahmenbedingungen abzuleiten. Eine mögliche Perspektive zur Bündelung und Auswertung von Ergebnissen könnte die Einrichtung einer zentralen "Evaluationsinstanz" sein.

# 4. Literatur

BLK – Bund-Länder-Kommission für Bildungsplanung und Forschungsförderung (Hrsg.):
Rolle und Beitrag beruflicher Schulen Kompetenzzentren in regionalen Berufsbildungsnetzwerken – Rolle und Beitrag der beruflichen Schulen.
Bonn: Heft 92, 2002.

BLK – Bund-Länder-Kommission für Bildungsplanung und Forschungsförderung (Hrsg.):
Kompetenzzentren. Kompetenzzentren in regionalen Berufsbildungsnetzwerken – Rolle und Beitrag der beruflichen Schulen. BLK-Fachtagung am 3./4. Dezember 2001 in Lübeck.
Bonn: Heft 99, 2002

KURZ, Sabine:
Die Entwicklung berufsbildender Schulen zu beruflichen Kompetenzzentren.
Bremen: Uni, 2002.
(ITB-Arbeitspapiere 41)

ROTHE, Georg:
Die Systeme beruflicher Qualifizierung Deutschlands, Österreichs und der Schweiz im Vergleich. Kompendium zur Aus- und Weiterbildung unter Einschluß der Problematik Lebensbegleitendes Lernen.
Villingen-Schwenningen: Neckar-Verlag, 2001.

BERLINER SENAT – Berliner Senatsverwaltung für Arbeit, Berufliche Bildung und Frauen (Hrsg.):
Berliner Memorandum zur Modernisierung der Beruflichen Bildung – Leitlinien zum Ausbau und zur Weiterentwicklung des Dualen Systems.
Berlin, 1999.

# Verzeichnis der Autoren

**Daniela Ahrens, Dr. phil.**

Institut Technik und Bildung (ITB)
Universität Bremen
Am Fallturm 1, 28359 Bremen
E-Mail: dahrens@uni-bremen.de

**Waldemar Bauer**

Institut Technik und Bildung (ITB)
Universität Bremen
Am Fallturm 1, 28359 Bremen
E-Mail: wbauer@uni-bremen.de

**Lothar Beinke, Prof. Dr.**

Humboldtstr. 48, 49074 Osnabrück

**Petra Bonnet**

Büro für Kommunikationsberatung
Herbertstr. 35, 70439 Stuttgart
e-mail: bon1425@aol.com

**Nicholas Boreham, Professor of Education and Employment**

Institute of Education
University of Stirling
Scotland FK9 4LA, United Kingdom
E-Mail: n.c.boreham@stir.ac.uk

**Gero Bornefeld**

Zentrum für Lern- und Wissensmanagement (ZLW) / Lehrstuhl
Informatik im Maschinenbau (IMA)
RWTH Aachen
Dennewartstr. 27, 52068 Aachen
E-Mail: bornefeld@zlw-ima.rwth-aachen.de

**Rainer Bremer, Dr. phil. habil.**

Institut Technik und Bildung (ITB)
Universität Bremen
Am Fallturm 1, 28359 Bremen
E-Mail: rainer.bremer@nord-com.net

**André Bresges**

Institut für Medientechnik und Technikdidaktik
Gerhard Mercator Universität Duisburg
Lotharstr. 1, 47048 Duisburg
E-Mail: bresges@uni-duisburg.de

**Hans-Günter Burow**

Institut für Medientechnik und Technikdidaktik
Gerhard Mercator Universität Duisburg
Lotharstr. 1, 47048 Duisburg

**Ursula Carus**

Carus + Partner, DGSV
Grindelallee 182, 20144 Hamburg
E-Mail: u.carus@t-online.de

**Joachim Dittrich, Dr.-Ing.**

Institut Technik und Bildung (ITB)
Universität Bremen
Am Fallturm 1, 28359 Bremen
E-Mail: dittrich@itb.uni-bremen.de

**Karin Eberle**

Bildungsverbund Berufliche Qualifikation (BBQ)
Tattersallstr. 15-17, 68165 Mannheim
E-Mail: keberle@bbq-online.de

**Sigrun Eichhorn**

Institut für Berufliche Fachrichtungen Chemietechnik &
Umweltschutz/Umwelttechnik
TU Dresden
Weberplatz 5, 01217 Dresden
E-Mail: Sigrun.Eichhorn@mailbox.tu-dresden.de

**Gerhard Faber, Prof. Dr.**

Didaktik Elektrotechnik / Automatisierungstechnik / Informatik
Technische Universität Chemnitz
Reichenhainer Strasse 41, 09107 Chemnitz
E-Mail: Gerhard.Faber@phil.tu-chemnitz.de

Institut für Nachrichtentechnik
Technische Universität Darmstadt
Merckstrasse 25, 64283 Darmstadt
E-Mail: gerhard.faber@nt.tu-darmstadt.de

**Jörg Fischer**

Institut für Arbeitswissenschaft und Betriebsorganisation (ifab)
Universität Karlsruhe (TH)
Kaiserstraße 12, 76128 Karlsruhe
E-Mail: joerg.fischer@mach.uni-karlsruhe.de

**Stefan Fletcher**

Institut für Medientechnik und Technikdidaktik
Gerhard Mercator Universität Duisburg
Lotharstr. 65, 47048 Duisburg
E-Mail: stefan.fletcher@geist-soz.uni-karlsruhe.de

**Bernd Foltin**

Bildungsverbund Berufliche Qualifikation (BBQ)
Reichsstädter Str. 17, 73430 Aalen
E-Mail: bfoltin@bbq-online.de

**Martin Frenz, Dr. phil.**

Lehrstuhl und Institut für Arbeitswissenschaft (iaw)
RWTH Aachen
Bergdriesch 27, 52062 Aachen
E-Mail: m.frenz@iaw.rwth-aachen.de

**Andreas Frey, Dr.**

Zentrum für empirische pädagogische Forschung
Universität Koblenz-Landau
Friedrich-Ebert-Strasse 12, 76829 Landau
E-Mail: frey@zepf.uni-landau.de

**Brigitte Geldermann**

bfz Bildungsforschung
Forschungsstelle des Bildungswerks der Bayerischen Wirtschaft e.V.
Obere Turnstr. 8, 90429 Nürnberg
E-Mail: geldermann.brigitte@bf.bfz.de

**Olaf Geramanis, Dr. phil.**

Lehrstuhl für Wirtschaftspädagogik
Universität der Bundeswehr München
Werner-Heisenberg-Weg 39, 85577 Neubiberg
E-Mail: Olaf.geramanis@unibw-muenchen.de

**Siegmar Haasis, Dr.-Ing.**

DaimlerChrysler AG
Wilhelm-Runge-Strasse 11, 89013 Ulm
E-Mail: siegmar.haasis@daimlerchrysler.com

**Bernd Haasler**

Institut Technik und Bildung (ITB)
Universität Bremen
Am Fallturm 1, 28359 Bremen
E-Mail: bhaasler@uni-bremen.de

**Martin Hartmann, Dr.**

Institut für Technische Bildung
Universität Rostock
Albert Einstein Str. 2, 18051 Rostock
E-Mail: martin.hartmann@etechnik.uni-rostock.de

**Franz Josef Heeg, Prof. Dr.-Ing.**

Bremer Institut für Betriebstechnik und angewandte Arbeitswissenschaft (BIBA)
Universität Bremen
Hochschulring 20, 28359 Bremen
E-Mail: hee@biba.uni-bremen.de

**Andrea Heide**

Zentrum für Lern- und Wissensmanagement (ZLW) / Lehrstuhl Informatik im Maschinenbau (IMA)
RWTH Aachen
Dennewartstr. 27, 52068 Aachen
E-Mail: heide@zlw-ima.rwth-aachen.de

**Olaf Herms**

Institut Technik und Bildung (ITB)
Universität Bremen
Am Fallturm 1, 28359 Bremen
E-Mail: oherms@uni-bremen.de

**Verena Heukamp**

Zentrum für Lern- und Wissensmanagement (ZLW) / Lehrstuhl Informatik im Maschinenbau (IMA)
RWTH Aachen
Dennewartstr. 27, 52068 Aachen

**Heidi Hofmann**

bfz Bildungsforschung
Forschungsstelle des Bildungswerks der Bayerischen Wirtschaft e.V.
Obere Turnstr. 8, 90429 Nürnberg
Hofmann.heidi@bf.bfz.de

**Falk Howe, Dr.**

Institut Technik und Bildung (ITB)
Universität Bremen
Am Fallturm 1, 28359 Bremen
E-Mail: howe@uni-bremen.de

**Axel Hunger, Prof. Dr.-Ing.**

Institut für Medientechnik und Technikdidaktik
Gerhard Mercator Universität Duisburg
Lotharstr. 1, 47048 Duisburg
E-Mail: hunger@uni-duisburg.de

**Ingrid Isenhardt, Dr. phil.**

Zentrum für Lern- und Wissensmanagement (ZLW) / Lehrstuhl
Informatik im Maschinenbau (IMA)
RWTH Aachen
Dennewartstr. 27, 52068 Aachen
E-Mail: isenhardt@zlw-ima.rwth-aachen.de

**Klaus Jenewein, Prof. Dr. paed.**

Institut für Berufspädagogik und Allgemeine Pädagogik
Universität Karlsruhe (TH)
Hertzstrasse 16, 76187 Karlsruhe
E-Mail: klaus.jenewein@uni-karlsruhe.de

**Michael Kleiner**

Institut Technik und Bildung (ITB)
Universität Bremen
Am Fallturm 1, 28359 Bremen
E-Mail: mkleiner@uni-bremen.de

**Peter Knauth, Prof. Dr.-Ing.**

Institut für Industriebetriebslehre und Industrielle Produktion (IIP)
Universität Karlsruhe (TH)
Hertzstrasse 16, 76187 Karlsruhe
E-Mail: peter.knauth@wiwi.uni-karlsruhe.de

**Kirstin Lenzen**

Zentrum für Lern- und Wissensmanagement (ZLW) / Lehrstuhl Informatik im Maschinenbau (IMA)
RWTH Aachen
Dennewartstr. 27, 52068 Aachen
E-Mail: K.Lenzen@iaw.rwth-Aachen.de

**Kerstin Meyer**

Institut Technik und Bildung (ITB)
Universität Bremen
Am Fallturm 1, 28359 Bremen
E-Mail: meyerk@uni-bremen.de

**Rita Meyer, Dr.**

Professur für Berufs- und Arbeitspädagogik
Universität der Bundeswehr Hamburg
Holstenhofweg 85, 22043 Hamburg
E-Mail: Rita.Meyer@UniBw-Hamburg.DE

**Julia Meyer-Menk**

Fachbereich Pädagogik
Universität der Bundeswehr Hamburg
Holstenhofweg 85, 22043 Hamburg
E-Mail: Julia.meyer-menk@UniBw-Hamburg.de

**Christiane Michulitz**

Zentrum für Lern- und Wissensmanagement (ZLW) / Lehrstuhl
Informatik im Maschinenbau (IMA)
RWTH Aachen
Dennewartstr. 27, 52068 Aachen
E-Mail: michulitz@zlw-ima.rwth-aachen.de

**Barbara Mohr, Dr.**

bfz Bildungsforschung
Forschungsstelle des Bildungswerks der Bayerischen Wirtschaft e.V.
Obere Turnstr. 8, 90429 Nürnberg
E-Mail: mohr.barbara@bf.bfz.de

**Ralf Muellerbuchhof**

Institut für Methoden der Psychologie
TU Dresden
Zellescher Weg 17, 01069 Dresden
E-Mail: rmb@psychologie.tu-dresden.de

**Regina Oertel, Dr. phil.**

Zentrum für Lern- und Wissensmanagement (ZLW) / Lehrstuhl
Informatik im Maschinenbau (IMA)
RWTH Aachen
Dennewartstr. 27, 52068 Aachen
E-Mail: oertel@zlw-ima.rwth-aachen.de

**Sibylle Olbert-Bock**

Institut für Industriebetriebslehre und Industrielle Produktion (IIP)
Universität Karlsruhe (TH)
Hertzstrasse 16, 76187 Karlsruhe
E-Mail: sibylle.olbert-bock@mediologie.de

**Bernd Ott, Prof. Dr. phil. habil.**

Lehrstuhl Technik und ihre Didaktik I
Universität Dortmund
Baroper Str. 301, 44221 Dortmund
E-Mail: ott@ltd1.mb.uni-dortmund.de

**Eva Preuschoff**

Zentrum für Lern- und Wissensmanagement (ZLW) / Lehrstuhl
Informatik im Maschinenbau (IMA)
RWTH Aachen
Dennewartstr. 27, 52068 Aachen
E-Mail: preuschoff@zlw-ima.rwth-aachen.de

**Karin Przygodda**

Institut Technik und Bildung (ITB)
Universität Bremen
Am Fallturm 1, 28359 Bremen
E-Mail: kprzygodda@uni-bremen.de

**Wolfgang Quaas, Prof. Dr. rer. nat. habil.**

Institut für Arbeitswissenschaft, Fabrikautomatisierung und
Fabrikbetrieb (IAF)
Otto-von-Guericke Universität Magdeburg
Universitätsplatz 2, 39106 Magdeburg
E-Mail: wolfgang.quaas@masch-bau.uni-magdeburg.de

**Felix Rauner, Prof. Dr.**

Institut Technik und Bildung (ITB)
Universität Bremen
Am Fallturm 1, 28359 Bremen
E-Mail: itbs@uni-bremen.de

**Michael Richter**

Institut für Medientechnik und Technikdidaktik
Gerhard Mercator Universität Duisburg
Lotharstr. 1, 47048 Duisburg
E-Mail: sba04ri@uni-duisburg.de

**Helmuth Rose, Dr.**

Institut für Sozialwissenschaftliche Forschung München e.V. (ISF)
Jakob-Klar-Straße 9, 80796 München
E-Mail: hofgemeinschaft.eggstedt@t-online.de

**Eva Sanders**

Zentrum für Lern- und Wissensmanagement (ZLW) / Lehrstuhl
Informatik im Maschinenbau (IMA)
RWTH Aachen
Dennewartstr. 27, 52068 Aachen
E-Mail: Sanders@zlw-ima.rwth-aachen.de

**Reiner Schlausch, Dr.**

Forschungsgruppe Praxisnahe Berufsbildung (FPB)
Universität Bremen
Wilhelm-Herbst-Str. 7, 28239 Bremen
E-Mail: reiner.schlausch@uni-bremen.de

**Sonja Schmicker, Dr.-Ing.**

Institut für Arbeitswissenschaft, Fabrikautomatisierung und
Fabrikbetrieb (IAF)
Otto-von-Guericke Universität Magdeburg
Universitätsplatz 2, 39106 Magdeburg
E-Mail: sonja.schmicker@masch-bau.uni-magdeburg.de

**Hartmut Schulze, Dr.**

DaimlerChrysler AG
Wilhelm-Runge-Strasse 11, 89013 Ulm
E-Mail: Hartmut.Schulze@daimlerchrysler.com

**Marc Schütte, Dr.**

Forschungsgruppe Praxisnahe Berufsbildung (FPB)
Universität Bremen
Bibliothekstraße 1, 28359 Bremen
E-Mail: Marc.Schuette@uni-bremen.de

**Frank Schwarz**

Institut für Medientechnik und Technikdidaktik
Gerhard Mercator Universität Duisburg
Lotharstr. 1, 47048 Duisburg
E-Mail: schwarz@uni-duisburg.de

**Gabriele Schwarz, Dr.**

Bremer Institut für Betriebstechnik und angewandte Arbeitswissenschaft (BIBA)
Universität Bremen
Hochschulring 20, 28359 Bremen
E-Mail: sw@biba.uni-bremen.de

**Marita Sperga**

Bremer Institut für Betriebstechnik und angewandte Arbeitswissenschaft (BIBA)
Universität Bremen
Hochschulring 20, 28359 Bremen
E-Mail: spe@biba.uni-bremen.de

**Erika Spieß, PD Dr.**

Lehrstuhl für Wirtschafts- und Sozialpsychologie
Katholische Universität Eichstätt
Ostenstraße 25, 85071 Eichstätt
E-Mail: erika@mip.paed.uni-muenchen.de

**Nikolaus Steffen**

Institut Technik und Bildung (ITB)
Universität Bremen
Am Fallturm 1, 28359 Bremen
E-Mail: nsteffen@uni-bremen.de

**Peter Steininger**

Institut für Arbeitswissenschaft und Betriebsorganisation (ifab)
Universität Karlsruhe (TH)
Kaiserstraße 12, 76128 Karlsruhe
E-Mail: peter.steininger@mach.uni-karlsruhe.de

**Peter Storz, Prof. Dr. paed. habil**

Institut für Berufliche Fachrichtungen Chemietechnik &
Umweltschutz/Umwelttechnik
TU Dresden
Weberplatz 5, 01217 Dresden
E-Mail: peter.storz@mailbox.tu-dresden.de

**Franz Stuber, Prof. Dr.**

Zentrale Wissenschaftliche Einrichtung für Berufliche Fachrichtungen
(ZWEBF)
FH Münster
Leonardo Campus 7, 48149 Münster
E-Mail: stuber@fh-muenster.de

**Thorsten Vollstedt**

Institut für Arbeitswissenschaft und Betriebsorganisation (ifab)
Universität Karlsruhe (TH)
Kaiserstraße 12, 76128 Karlsruhe
E-Mail: thorsten.vollstedt@mach.uni-karlsruhe.de

**Stefan Werner**

Institut für Medientechnik und Technikdidaktik
Gerhard Mercator Universität Duisburg
Lotharstr. 1, 47048 Duisburg
E-Mail: swerner@uni-duisburg.de

**Stefan Wiedenmaier**

Lehrstuhl und Institut für Arbeitswissenschaft (iaw)
RWTH Aachen
Bergdriesch 27, 52062 Aachen
E-Mail: s.wiedenmaier@iaw.rwth-aachen.de

**Wolfgang Wirtz**

Institut für Medientechnik und Technikdidaktik
Gerhard Mercator Universität Duisburg
Lotharstr. 1, 47048 Duisburg

**Wolfgang Wittwer, Prof. Dr.**

Fakultät für Pädagogik - Arbeitsgruppe "Berufliche Bildung - Bildungsplanung"
Universität Bielefeld
Universitätsstrasse 25, 33615 Bielefeld
E-Mail: wolfgang.wittwer@uni-bielefeld.de

**Ralph-Michael Woschée**

Lehrstuhl für Wirtschafts- und Sozialpsychologie
Katholische Universität Eichstätt
Ostenstraße 25, 85071 Eichstätt
E-Mail: Ralph@woschee.de

**Rolf Zöllner**

Lehrstuhl für Ergonomie
Technische Universität München
Boltzmannstr. 15, 85747 Garching
E-Mail: zoellner@lfe.mw.tum.de

**Gert Zülch, Prof. Dr.-Ing.**

Institut für Arbeitswissenschaft und Betriebsorganisation (ifab)
Universität Karlsruhe (TH)
Kaiserstraße 12, 76128 Karlsruhe
E-Mail: gert.zuelch@mach.uni-karlsruhe.de

# Bisher erschienene ifab-Forschungsberichte

Herausgeber: Prof. Dr.-Ing. Dipl.-Wirtsch.-Ing. Gert Zülch

Im Shaker Verlag Aachen erschienen (ab Band 17 mit ISSN 1436-3224):

Band 28 **Zülch, Gert; Stock, Patricia; Bogus, Thomas (Hrsg.):**
Arbeitszeitflexibilisierung im Dienstleistungsbereich.
2002, Beiträge zu einem Workshop im Rahmen des BMBF-Projektes FAZEM am 19. März 2002.

Band 27 **Müller, Reinhard:**
Planung hybrider Montagesysteme auf Basis mehrschichtiger Vorranggraphen.
2002, Dissertation Universität Karlsruhe. (ISBN 3-8322-0379-6)

Band 26 **Stowasser, Sascha:**
Vergleichende Evaluation von Visualisierungsformen zur operativen Werkstattsteuerung.
2002, Dissertation Universität Karlsruhe. (ISBN 3-8322-0007-X)

Band 25 **Keller, Volker:**
Ansatz zur objektorientierten Modellierung betrieblicher Arbeitsschutzdaten.
2002, Dissertation Universität Karlsruhe. (ISBN 3-8625-9911-X)

Band 24 **Rinn, Andreas:**
Koordinierung von Produktionsengpässen auf Basis der Leistungsratenvereinbarung.
2000, Dissertation Universität Karlsruhe. (ISBN 3-8265-7649-7)

Band 23 **Schneck, Milko:**
Ein Beitrag zur kennzahlunterstützten Investitionsplanung komplexer Arbeitssysteme.
2000, Dissertation Universität Karlsruhe. (ISBN 3-8265-7475-3)

Band 22 **Knauth, Peter; Zülch, Gert (Hrsg.):**
Innovatives Arbeitszeitmanagement.
2000, Beiträge zu einem Workshop im Rahmen des 45. Kongresses der Gesellschaft für Arbeitswissenschaft in Karlsruhe am 10. März 1999. (ISBN 3-8265-7165-7)

Band 21 **Jonsson, Uwe:**
Ein integriertes Objektmodell zur durchlaufplanorientierten Simulation von Produktionssystemen.
2000, Dissertation Universität Karlsruhe. (ISBN 3-8265-6955-5)

Band 20 **Krüger, Jan:**
Entscheidungstheorie-basierte Simulation der Handlungsorganisation im Fertigungsbereich.
1999, Dissertation Universität Karlsruhe. (ISBN 3-8265-6444-8)

Band 19 **Heel, Jochen; Krüger, Jan (Hrsg.):**
Personalorientierte Simulation - Praxis und Entwicklungspotential. Workshop, 45. Kongresses der Gesellschaft für Arbeitswissenschaft, 1999. (ISBN 3-8265-6169-4)

Band 18 **Heel, Jochen:**
Reorganisation des Personaleinsatzes mit Hilfe der personalorientierten Simulation.
1999, Dissertation Universität Karlsruhe. (ISBN 3-8265-4634-2)

Band 17 **Brinkmeier, Bernd:**
Prozessorientiertes Prototyping von Organisationsstrukturen im Produktionsbereich.
1998, Dissertation Universität Karlsruhe. (ISBN 3-8265-4244-4)

Band 16 **Zülch, Gert (Edt.):**
Design of Organisational Structures, Work Systems and Man-Machine-Interaction. Proceedings of the 20th Meeting of the EHTB-Group, Karlsruhe, May 14-17, 1998. (ISBN 3-8265-3790-4)

Band 15 **Grundel, Christoph:**
Beitrag zur Analyse mentaler Anforderungen bei rechnerunterstützter Werkstattsteuerung.
1998, Dissertation Universität Karlsruhe. (ISBN 3-8265-3709-2)

Band 14 **Schiller, Emmerich F.:**
Ein Beitrag zur adaptiv-dynamischen Arbeitsplanung in der Demontage.
1998, Dissertation Universität Karlsruhe. (ISBN 3-8265-3471-9)

Band 13 **Schiller, Emmerich F.; Müller, Reinhard:**
Simulationsunterstützte Planung der Arbeitsorganisation in manuellen Montagesystemen. 1997, Forschungsbericht zu einem Projekt der Stiftung zur Förderung der Forschung für die gewerbliche Wirtschaft. (ISBN 3-8265-2904-9)

Im Eigenverlag des Instituts für Arbeitswissenschaft und Betriebsorganisation der Universität Karlsruhe erschienen (ISSN 0940-0559):

Band 12 **Schindele, Hermann:**
Planung qualitätsförderlicher Personalstrukturen im Fertigungsbereich.
1996, gleichzeitig Dissertation Universität Karlsruhe.

Band 11 **Fischer, Axel Rainer:**
Objektorientierte Modellierung von Prozessketten.
1995, gleichzeitig Dissertation Universität Karlsruhe.

Band 10 **Grießer, Klaus:**
Einsatz der Blickregistrierung bei der Analyse rechnerunterstützter Steuerungsaufgaben.
1995, gleichzeitig Dissertation Universität Karlsruhe.

Band 9 **Braun, Wolfgang Jürgen:**
Beitrag zur Festlegung der Arbeitsteilung in manuellen Montagesystemen.
1995, gleichzeitig Dissertation Universität Karlsruhe.

Band 8 **Zülch, Gert (Hrsg.):**
Neuorientierung der Arbeitsorganisation. 1995, Beiträge des Festkolloquiums am 30. Juni 1995 zum zehnjährigen Bestehen des ifab.

Band 7 **Heitz, Max-Jürgen:**
Ein engpassorientierter Ansatz zur simulationsunterstützten Planung von Personalstrukturen.
1994, gleichzeitig Dissertation Universität Karlsruhe.

Band 6 **Grobel, Thomas:**
Analyse der Einflüsse auf die Aufbauorganisation von Produktionssystemen.
1993, gleichzeitig Dissertation Universität Karlsruhe.

Band 5 **Waldhier, Thomas:**
Integrierte rechnerunterstützte Produkt- und Arbeitsplatzgestaltung für die stationäre manuelle Montage.
1993, gleichzeitig Dissertation Universität Karlsruhe.

Band 4 **Englisch, Joachim:**
Systematische Entwicklung von Evaluationsverfahren zur Beurteilung der Benutzungsfreundlichkeit von CAD-Systemen.
1992, gleichzeitig Dissertation Universität Karlsruhe.

Band 3 **Grobel, Thomas:**
Simulation der Organisation rechnerintegrierter Produktionssysteme. 1992, Forschungsbericht zu einem Projekt der Alfried Krupp von Bohlen und Halbach-Stiftung.

Band 2 **Graf, Karl-Robert:**
Systematische Untersuchung von Einflussgrößen einer Fertigungssteuerung nach dem Zieh- und Schiebeprinzip. 1991, gleichzeitig Dissertation Universität Karlsruhe.

Band 1 **Ernst, Wolfgang:**
Beitrag zur Planung der Personalstruktur im Fertigungsbereich. 1991, gleichzeitig Dissertation Universität Karlsruhe.


Vom selben Herausgeber im Shaker Verlag Aachen erschienen:
esim - European Series in Industrial Management (ISSN 1437-7675)

Volume 4 **Zülch, Gert; Cano, Juan Luis; Muller(-Malek), Henri (edts.):**
Production Management Simulation Games. 2001, report supported by the European Leonardo da Vinci Programme. (ISBN 3-8265-8529-1)

Volume 3 **Zülch, Gert; Rinn, Andreas:**
Design and Application of Simulation Games in Industry and Services. Proceedings of the 5th International Workshop on Games in Production Management, 2000. (ISBN 3-8265-7388-9)

Volume 2 **Muller(-Malek), Henri; Merkuyev, Yuri; Silinevicha, Irena; Zülch, Gert (edts.):**
Cases in Industrial Logistics Management. 1999, report supported by the European TEMPUS Programme. (ISBN 3-8265-6369-7)

Volume 1 **Doumeingts, Guy; Panayiotou, Nikolaos; Rinn, Andreas; Tatsiopoulos, Ilias; Villenave, Christophe; Zülch, Gert:**
A Methodology for Re-engineering and Information Technology Implementation. 1999, report supported by the European ESPRIT Programme. (ISBN 3-8265-4885-X)

Als Monographie im Shaker Verlag Aachen erschienen:

**Zülch, Gert; Brinkmeier, Bernd (Hrsg.):**
Arbeitsschutz-Managementsysteme.
Aachen: Shaker Verlag, 2000.